目錄

U0152095

編輯：

潘星宇
PGDE CUHK, MA HKU, MA CUHK

路德會協同中學公民與社會發展科老師。致力發展社區與教育之間的關係，鍾愛中國及香港的文化，期望將文化不同面向帶給學生及公眾。

20-21 點滴成河—傑出生命教育教案設計獎
22-23 香港大學傑出電子教學獎（公民與社會發展科）優異獎

葉寶玲
BA CUHK, BEd CUHK, MA HKU

王肇枝中學中國語文科老師。熱愛傳統文化，希望透過教學與課外活動培養學生對身邊人、事、物的觀察，增加對自身與社區的認識，發掘生活的樂趣。

20-21 點滴成河—傑出生命教育教案設計獎
22-23 港大傑出電子教學獎（中文教育）創新科技獎

曾子謙
BA CUHK, BEd CUHK, MA CUHK

華英中學中國語文科老師。致力以聯課活動在校園營造語文學習氛圍，培養學生文化自信，提升語言、文學素養，發展個人潛能，回饋課間所學，深化中文科的學習效能。

香港都會大學教育及語文學院副講師（兼任），任學位教師教育深造文憑（中學教學：中文）之課程導師。

圖文作者：（排名按照筆劃排序）

路德會協同中學

何詠琪	何麗萍
李卓瑩	徐學楚
陳欣希	陳曉祺
陳梓恩	區楚瑤
蔡穎琳	歐寶儀
蘇銘言	鄭清沂

王肇枝中學

李子木	李康盈
邱力申	姚嘉寧
施慧宜	徐戩鴻
陳美妍	陳恩橋
農晴	潘芷欣
蘇平安	

華英中學

孔詠欣	王欣欣
林菲琪	陳影羽
梁芷瑜	郭柏羲
黃子晴	黃宇浩
黃樂雯	溫凱渝
蔡璧帆	賴琳
鍾淨泇	薛穎

序

潘星宇

　　教育理念與實踐常常起源於一個夢想。在這本書的開始，我們先要表達對教師夢想基金的感謝。這個機構的支持，讓我們有機會實現一個由中文及人文學科老師們構思的「吾土吾情，兼容創新共傳承」計劃。這個為期一年的計劃，旨在給不同社區的學生提供沉浸式的文化學習體驗，並在此過程中，讓他們體驗到社區特點的延續性及多樣性，瞭解非遺文化的價值，並透過跨校跨區的交流，共享彼此的技能與經驗。

　　我們的教學方式並不僅僅侷限於學校裡的課堂。我們深入社區，與不同背景的人士交流，讓學生在實際的生活中，認識到彼此的文化和生活方式，並在這個過程中發揮正能量。我們也特別強調學生的自主性和參與度，讓他們對自己的學習有更深入的投入與體驗。我們的目標，是以這種方式，提升學生對香港的關注度，並讓他們在跨學科、跨區、跨校的多方面交流中，獲得更豐富的學習經驗。

　　計劃進行至今已有一段時間，我們的學生們已經策劃了社區遊蹤和導賞團，並完成了以香港特色為主題的工作坊。我們也在 IG 平台上分享了他們的學習成果，讓他們以各種形式展示所學。為了進一步記錄和分享這個過程，我們將會出版一本由師生共同創作的書籍，記錄下他們的人物、社會觀察、文化導賞路線等體驗。

　　我們也體會到延續活動的重要性，並將這種理念融入到我們的日常教學中。我們鼓勵跨學科跨校的交流，讓師生互助互利，共同提升他們的知識和技能。同時，我們希望透過計劃加強價值教育，讓學生在學習知識的同時，也能明白和接受社會的價值觀與規範。我們希望這本書能夠給教育工作者和學生們對文化遺產有全新的看法，希望各位也享受書中的內容。

序

葉寶玲

初生之犢，小試牛刀：成就夢想的一小步

2022 年 8 月，教師夢想基金啟動禮上，色彩斑斕的壁畫、動聽感人的歌聲、走進社區的體驗……我，一個平凡得很的中文老師，沒有音樂藝術才華，沒有大膽創新的意念，看著前輩及入圍的同工分享著自己的夢，心中甚是激動、感動與感歎，喜樂與感恩，還有對未來的想像，全都湧上鼻頭與眼眶。

他們有的已經圓夢，有的即將起程，有的已經走在路上─我的夢想還在草圖當中。讀中文的人，大概都曾幻想過有一天能親手捧著寫上自己名字的書，即使仍未構思內容，每每想到這情景，嘴角已上揚。論文采，中學大學都沒有參加過寫作比賽的我，自然沒有任何獎項，哪來勇氣說起「出書」二字？論經驗，從事中文教育第八年，享受與同工、學生一同合作和成長，但教與學方面尚有很多要改善要學習的空間，談不上甚麼經驗，前輩們珠玉在前，哪來勇氣說起「出書」二字？原來，當機會突然降臨之時，喜悅也帶來了憂慮。

慶幸，這次我有很多同行者。經歷過工作上的轉變、進修計劃帶來的壓力、活動與不同單位的變化，我體會到生命中總有「計劃趕不上變化」的時候，一個人力量有限，同行者給我的支持和提點總是為我撥開雲霧，集眾人之力的成果確是超出我想像：我有好的同伴，有支持我的學生，他們不只以朋友身份支持我追夢，不只以學生身份傾聽我的分享，而是在整個追夢的過程中並肩而行，這本書的意義就不再局限於內容：文化、土地、人情固然是我們的核心，而成書過程則是生活，甚至生命中的一個重要印記，它會成為種子，植於每個參與者當中，慢慢發芽，將來或如蒲公英般飛往更廣闊的大地上再繁殖，或如大榕樹般根深蒂固，留守出生地，抓住泥土保護有價值的一切……誰都無法預計未來，但感謝教師夢想基金的支持，讓我們從敢於想像到落實計劃，向著這個師生一同成就的夢想前進。

現今科技發展一日千里，在人工智能盛行以後，獲取基礎知識比

昔日容易，教與學的方法和觀念亦與時並進，跨範疇、跨學科以至價值教育的重要性亦大大提高，家長、老師、學生也一直在學習、適應和改變，我們在計劃中作出不少新嘗試，希望讀者也能在書中的文字及作品中感受到大家對學習和生活的熱情和努力，也像其他成功追夢的前輩一樣，大膽做夢，勇於追夢—祝大家夢想成真！

序

曾子謙

香港，縱然功利浮華充斥，仍然不乏它的深邃和充實。

它是一個充滿活力和獨特魅力的城市，華洋雜處，繁華而寥落，冷漠又有情。在經濟金融掛帥的背後，有一群無名小卒，他們的付出和努力，成為這座城市凱旋的原動力。

曾經的亞洲四小龍，如今的粵港澳大灣區，香港的成長和發展，是由小漁村起，一步步走向國際都會，成為了世界地圖上的一顆耀目星辰。它的成功，不僅因為資本，更因為港人賴以自豪的獅子山精神——市井小民的堅持和不屈不撓的意志。

千百年來，市民的生活或許不落史書，卻由一代一代用雙手和歲月記載，承傳到今日的香港手中。這個城市擁有著豐富多元的本地文化和社區濃情，擁有集結了歷代智慧的非物質文化遺產，也擁有著熱愛這片土地的我們。這些文化和遺產，代表了香港的歷史、價值觀、信仰和生活方式。它們的存在和傳承，是這個城市的靈魂和精華所在。

從小，在中國歷史課上，在中國文化科裡，我總覺得香港的傳統面貌矇矓，作為國土的邊陲與中原國都的生活會有點不同吧？香港的過去，仿如鏡中花月，好像望見了，又好像觸摸不到。長大後，了解到我國文化博大精深，除了中原文化外，還有嶺南文化，兩者是「同檯食飯，各自修行」，還是「陰陽互根，共濟相生」？而中西文化又是如何在香港揉合，多元文化如何立足於本地，甚至融合於包容並蓄的中國文化風俗之中？一切一切的疑問，都在引導著我們去尋訪，親身找出答案。

作為一名中文老師，我除了在課堂上教授我國文化瑰寶外，更希望可以與學生一同探索了解，香港作為我國重要的土地，如何保存了傳統的習俗文化，又如何繼承發展？香港在我國歷史長河中是一片怎

樣的拼圖？生於斯，長於斯，了解這片土地無可厚非，且「為往聖計絕學」更是文人墨客的使命，責無旁貸。

在探索香港的過程中，我們走過了香港的東西南北，走過了大街小巷，探尋了過去、現在和未來。每次每次，我總是能感受到這個城市的獨特魅力⋯⋯

讓這本屬於我們師生，更屬於香港的小書，帶領讀者分享我們的見聞、我們的感動；見證歷代市民的足跡，見證香港這片土地文化之豐盛。

序

Agent of Change Foundation

學生每天匆匆往返住所和學校，大概未必會仔細認真觀察周遭的環境：校門外的行人過路處，附近的雜貨店，店內的小貓咪，鄰近的休憩處，圍著象棋檯的人們……雖然這些人和事看似與我們無關，但它們正正就是組成我們所在的社區的關鍵。我們希望學生培養觀察社區的習慣，多留意身邊的人事物，以至覺察他人的需要，建立同理心，願意踏出一步令社區變得更美好。

我們有幸得到路德會協同中學、華英中學、王肇枝中學信任，在本年初以社區導賞方式連結學生與社區。學生們分組設計以宗教為主題的導賞團路線，透過不同宗教去認識社區的多元文化與共融。為了深入了解社區和各宗教建築物之歷史與發展，資料蒐集和實地考察必不可少。

在分享過觀察社區的方法及技巧、導賞員的職責、導賞團的前後準備工夫後，我們便與學生走進社區，以視覺、聽覺、嗅覺和觸覺去感受這個城市的氣息，並逐步嘗試把整合的資料以說故事方式敍述。我們特別喜歡學生之間的交流和意見反饋，這使大家在一個融和及尊重的氛圍之間學習和成長。

「不聞不若聞之，聞之不若見之，見之不若知之，知之不若行之，學至於行之而止矣。」—《荀子·儒效》

體驗式學習和社區實踐是教育中重要的一環。在這次短短的相處時間中，我們作為導師，看似是把學生帶出社區，實際上卻是把社區帶進校園。參與活動的學生找到自己在社區的角色，建立了對社區的歸屬感，這份情感的連繫和共學的經歷定必讓學生在校園裡發揮影響力，感染其他師生和家長更積極參與社群，回饋社會。

推薦這書予所有教育及社區工作者、家長和學生，看看從學生角度是如何觀察社區和文化，重拾對萬物的好奇心和對學習的熱情。

📍 第一章──近在咫尺的歷史見證者

乘著列車，轟降轟隆走進舊時光，從一磚一瓦中看見生活氣息，感受昔日的歷史文化。

舊大埔墟火車站

走進舊時光　　　　　　　　　王肇枝中學　　陳美妍

　　舊大埔墟火車站建於一九一三年，從前為九廣鐵路重要車站之一。隨著一九八三年新大埔墟火車站落成，舊大埔火車站經過修復及翻新後成為了現今的香港鐵路博物館。

　　從崇德街入口踏入舊大埔墟火車站，一座具有中國特色的車站大樓映入眼簾。舊大埔墟火車站大樓採用了傳統的金字頂中式建築風格。屋頂是傳統的「二龍爭珠」，兩端擺放了博古和鰲魚。碧綠色的瓦磚鋪滿屋頂，兩旁的屋簷微微翹起，別具中國特色。屋簷下掛著一副色彩繽紛的長方區畫，令人眼前一亮。山牆兩邊更保留了不少象徵吉祥的浮雕，如喜鵲和牡丹等。步入車站大樓內部，候車室、售票處、控制室均維持了當年的原貌。室內更展示了多項文物，如存放車票的木櫃、車票日期機及字模盒等。其他擺設如古董風扇，銅鐘都仍然保

留著，彷彿真的置身在一九七零年代前的大埔墟火車站。

　　離開車站大樓並向右步行，途中便能看到柴油電動機車、窄軌蒸汽火車頭和大樹林蔭。沿著路軌走，彷彿走在時光的傳送帶上，送我回到舊日的歷史。走到盡頭，便看到幾節已經飽經風霜的綠皮車卡。走進三等車廂內，木造的椅子、昏暗的燈光、舊式的風扇，搭配馬賽克地磚，展現出香港火車的濃厚風情。再往車廂內前進，進入頭等車廂，裝潢升級。明亮的燈光，棉花製成的椅子，使體驗更為舒適。

　　離開車廂，在燦爛耀眼的陽光下，路軌建築等都泛起淡淡的金黃色，更添一份暖意。

　　轟隆轟隆的現代火車在一旁快速掠過，我真切感受到了時代的變遷。

慢慢走，才看見 　　　　　　　王肇枝中學　張梓熙

　　踏進大埔墟鐵路博物館，最先看見眼前的站台—受過風化的磚頭，遺留着歷史的痕跡，掛上引人注目的車站牌，雕刻中英名字，是受英國文化影響的建築物，但同時也保留着傳統中國建築特色。

　　站台的屋頂跟從着中國古代建築在檐部上的一種特殊處理與創造：飛檐。其屋檐上翹，形如展翅，不但擴大了採光面，也增添了建築物向上的動感，使屋頂呈流線形，造型優美，帶來賞心悅目的藝術感受。望向右，沿著路軌走，多少旅人遊子曾在這大大小小的石頭上留下思念，帶著盼望，踏上不同的路。啊，那沉實的墨綠是香港首架柴油電動火車頭，亞歷山大爵士號。正午的陽光下，車身的油漆呈現低調的啞光，火車的零件、機關和設計也有 60 多年歷史了。

　　再向右走，就到達懷舊火車車廂。踏入車廂，回到三個不同的時期，不同級別的車廂，各有韻味。1911 年和 1974 年的普通等車廂都像舊時學院的班房，以長木椅作座位，1911 年的車廂以藍綠色作底色，而 1974 年車廂則以白色配螢光燈製造昔舊的氣氛。

　　鐵路博物館雖然不大，但那裏充滿着懷舊的景物，慢慢走，慢慢欣賞着中西合璧的古蹟，也可勾起回憶。

📍 第一站—大埔

文武廟

文昭日月，武鎮山河　　　　　　　王肇枝中學　黃子頌

　　站在象牙白色的拱門外，廟宇的門側有一對紅色的對聯，對聯的正下方各有一個插了香的香爐。從香煙中隱約窺視神龕中神像滿有莊嚴的姿態，像霧水般的香煙更為廟宇增添神秘感，卻仍然無法隱藏人們對神靈的敬虔感和深厚的歷史感。

　　穿過屏門，踏進庭院裏瞬間被鎮守在此的大樹包圍，突顯神明與大自然親密的關係，萬綠叢中一點紅是一對對聯，寫著：「文昭日月，武鎮山河。」配上傳統中國特色的人字瓦頂和不青似灰的青磚作牆壁，可見其歷史的悠久。仰視正門上方，精細木雕不但體現工匠巧奪天工的手藝，還透露出人民對神靈的敬畏。

　　進到大殿，殿裏上方吊著若干個竹枝螺旋，回過頭看，兩位帝君豎立在大殿的神龕，栩栩如生，文昌帝身穿長袍在右，手持毛筆；關

武帝身披鎧甲在左、手執關刀，各司其職。文昌君右旁的牆壁，隨著歲月已經褪色和變得暗啞，更出現一些像血管般幼小的裂痕，牆前則有兩把金扇刻著「污穢勿近，肅靜迴避」，保護善信不守邪魔侵擾。

　　廟宇雖然已經年華老去，但其仍然屹立不倒，不斷為人民服務，成為歷史的見證者。

第一站——大埔

鎮守百年─別於凡俗卻緊扣凡俗　　王肇枝中學 邱力申

每臨近考試，我都會到大埔文武二帝廟散心。在人山人海的富善街市外，很難想像僅在一對米黃色拱門之隔，一座古色古香的廟宇在此屹立，隱於繁囂，至今百年不改。

文武廟以青磚建造，懷舊的中式人字瓦頂，似乎有著一段耐人尋味的故事，極為典雅。細眼望去，一幅幅彩畫盡收眼底，　畫內有龍鳳呈祥，水碧山青，無不栩栩如生。踏入正門，一對對聯緊緊抓着我的眼球，誓不罷休。「文昭日月；武鎮山河。」短短八字甚具氣勢，展現出文武二帝的那不容置疑的威武。廟內傳來陣陣煙香，煙霧彌漫之中彷彿踏入了蓬萊仙境，令人心曠神怡。抬頭望去，文武二帝的神像攝人心弦，文昌帝手執毛筆、身穿長袍；關武帝紅臉長鬚、手執關刀。鎮守太和百年，但其所散發代表華夏文化的光輝，卻從來都不會被時間所沖淡。

一個一個懸在房頂的塔香象徵了虔誠的信徒與上天的聯繫，那緊密的橋樑正在傳遞他們的憧憬。新界氏族的一段段爭執和糾紛，促成了太和市，同樣了締造了文武帝廟。百年之久，香火不斷，眼看如今牆上一絲裂縫，我意會到它早已不復輝煌。但它所承載的情懷與記憶，至今依舊在新界人心深處，揮之不去。

文武廟之中別於凡俗，卻不動聲息地緊靠凡俗。我所熱衷的中華文化，不單單是一段怪力亂神的神話故事，更是這地所承載的歷史與那迷人的韻味。走出文武廟，心情舒坦且安心。

紅磚翠綠—舊北區理民府　　　王肇枝中學 李康盈

　　兩座兩層樓高的紅磚色平房高踞於山丘之上，在翠綠色的植物襯托下顯得古樸典雅。這裏就是擁有約百年歷史的舊北區理民府，當中復古味十足的紅磚背景和外形優雅堂皇的磚拱遊廊最為特色，連電視劇—巾幗梟雄之義海豪情也在此取過景呢！

　　踏進舊北區理民府，映入眼簾的是一門小空炮架正安靜地守護這個充滿歷史價值的地方。連接南北兩座建築物的是寬敞的磚拱遊廊，走在遊廊、吹着微風、曬着陽光，穿過一道又一道的磚拱牆，我彷彿化身成為了電視劇身處風雲變幻的主角：警察局刑事偵緝隊長。

　　復古的建築使我感受到了強烈的歷史氣氛。建築物上的白色拱形門窗，為中式建築風格增添了愛德華式的風味。站在舊北區理民府，我感受到了豐厚的歷史氣味，感嘆着時間的變幻為這個地方改變了不同的用途，我們應慶幸歷史的足印將永遠留在這些古蹟裏，並不會像時間一樣消失得無影無蹤。

第一站—大埔

📍 第二站—九龍城

我家—土瓜灣　　　　　　　　　華英中學　梁芷瑜

　　在我很小的時候，對土瓜灣這地方並不認識，只覺得「土瓜灣」這個地名不好聽。住在土瓜灣的我搬過幾次家，一開始我住在上鄉道。上鄉道有林林總總的商舖，很多都是樓上是住戶，樓下便是各式的麵包店、菜檔還有肉檔等等。從開始你便會發現，那裡有三間小學靠在一起，剩下的便要轉入炮仗街才能看到，是奇怪。因為環境太差，我們就決定搬走了。

　　第二次搬家，我搬到了落山道，那裡更是令人驚掉下巴。矮小陳舊的唐樓旁竟有一間富麗堂皇的摩登酒店，前來的內地旅客蜂擁而至，突然其來的旅遊巴士車鳴聲整醒了發愣的我。我回頭走，遠離了喧繁之地，被我發現了個可愛的店舖。你不細心留意可能不會發現，這對面馬路望去，就像一間黑漆漆的小鐵皮屋。走近後你會發現，這根本不是什麼破舊的鐵皮屋，而是間面面俱全的士多。空間不大，設備殘舊，甚至不能站多過三人。老闆在那狹小的空間裡看球賽看得正入迷，被我的聲音打斷了：「不好意思，我想要一瓶竹蔗茅根和一包薯片。」只見他從旁邊的一個小冰櫃拿出飲料，沒有抬頭：「薯片自己拿吧，十八塊。」我付過錢後便匆忙離開了，但不得不感慨，在這麼小的地方做生意的同時，還能在那裡居住。可惜的是，在三年之後的疫情，它也沒能逃過搬遷的夢魘。

華英中學　黃宇浩攝

時光－九龍城　　　　　　　　華英中學　黃樂雯

　　那天從木廠街 1 號一直往前走，走到木廠街 5 號時，我已經隱隱約約看到有一大個空的工地，應該已停工。工地在九龍城裏本是很常見，那工地圖裏的建築物已不見了，卻唯獨有一幅外牆連窗框和大門框，屹立於路旁。牆壁剝落，牆上生滿了蔓藤和野草，甚至有棵小樹長在上面，像是鈴芽之旅中通往另一個世界的後門。後來才知道那是 1950 年代有名的東方紗廠，由當時兩大家族萬春氏及傅老榕所創立。工廠有一座以麻石砌成的大樓，以及有一列兩層高的平房。1981 年結業後，業權在 2006 年易手，後來獲列為三級歷史建築，兩年後被業主拆剩外牆。我竟為那幅外牆感到不甘，曾經為社會發光發熱過，如今卻只剩下一副滄桑的模樣。

　　從東方紗廠對面的一家建築器材店向右一轉，眼前一亮，長長的一列唐樓，外牆五顏六色，與附近的摩登大廈相映，唐樓群顯得復古卻不失格調。原來是鷹揚街，是著名的十三街的其中一條街道。十三街由 13 條街道組成，合為馬頭角傳統舊區，車房林立，歷史悠久。那些唐樓也是後來外牆翻新時才鬃上這層悅目的七彩外衣，增添一絲新氣象。

華英中學　黃宇浩攝

 第二站──九龍城

生命—九龍城的花園與街巷　　　華英中學　蔡璧帆

　　踏入寨城公園後，映入眼簾的是一個小水池，一塊方形石碑和一棵棵生機勃勃的大樹。路過那水池，我站在那塊石碑面前。仔細看着，那塊看起來有着不少年紀的石頭上刻着「宋王臺」三個大字，在他的右邊，還刻着一行「清嘉慶丁卯重修」。那塊石頭上有黃褐色的痕跡，證明着這塊石頭的歷史，由於時間太久，字上的紅色油漆已經淡了不少，但那刀工之細緻、那風景之優美，都令人不禁駐足細細端詳。

　　而在這塊石碑的一旁，還有另一塊石碑刻有《九龍城宋王臺遺址碑記》，有中、英兩個版本。石碑上，細小的金色文字清清楚楚地刻在那塊刻有「宋王臺」的石碑。閱讀完整段文字後，我彷彿從那「宋王臺」三字中，看到了它的過去。正當我望着那塊石碑出神時，我的朋友說時間已經不早了，便拉着我離開了宋王臺花園。

　　走出宋王臺花園後，我們沿着馬頭圍道一直走，右轉便到了我每天上學放學的必經之地——天光道。而天光道便是與剛剛的「綠洲」截然不同的「沙漠」。天光道的前部份街道很窄，只能允許三至四人並排走，而這裏人流量又很多，而且一棵樹都沒有，我一不留神，就撞到了一位陌生人，但未等我道歉，我們就被人群沖散了。

　　繼續向前走，這裏有幾間食肆和文具舖，他們之間還有一條小巷。而馬路的對面，是一幢幢矮矮的房屋，顏色繽紛，但已被歲月沖淡了不少，牆皮剝落、發霉，冷氣機機身外露，這裏的重組完全符合我對舊區的印象：矮、舊、擠。而放眼望去天光道前方的位置，一棵棵樹木、一幢幢高樓、一所所學校，源源不絕的生命力向我撲來，便是學校的鐘聲、學生們的談話聲、笑聲、車流的引擎聲、紅綠燈的聲音。這裏與宋王臺花園截然不同，更加嘈吵，但更加有生命力。

華英中學　郭柏羲攝

 第二站──九龍城

失落— 衙前塱道　　　　　　　　華英中學　　薛穎

　　不知不覺印上「衙前塱道」四字的路牌映入眼簾。我抬眼，目光穿過海味店前紅白的牌坊，九龍市政大廈矗立在正對面。我莫名地對這幢通體白色的四層高大廈生出煩厭，覺得它築着高牆，故意跟周圍低矮的商舖對着幹。這裏頭的街市、熟食中心、公共圖書館又好像真空袋，被抽乾空氣摺平着，只能安安份份地呆在市政大廈這個巨型收納櫃裏。

　　車輛駛過，我盯着馬路仔細看，只覺這是吃人的鴻溝。這邊商舖一聲聲響亮的叫囂，一聲聲溫情滿載的問候，就在車輛飛馳間被捲起。上下翻滾，由整變缺，徹底搗爛在一往無前地運轉的車輪裏，而這裏的人渾然不知，外來的人很少踏足這邊，可能是厭棄這裏塵世庸俗的煙火氣吧！總之兩邊的人就這樣各自各地生活着，只是中間的這條鴻溝越開越大。我心慌地探頭看向街尾的方向，想要確認這邊的小商舖是否及上了對面那滿眼的白，和九龍市政大廈一樣無止境地延伸下去。可市政大廈那通身雪白的外牆在陽光底下實在是白得晃眼，連帶着視野的景深變淺，遠處的街口也在一點點地模糊、模糊，像這條街看不透的未來。

華英中學　郭柏羲攝

第二站──九龍城

📍 第三站—灣仔

藍屋　　　何麗萍繪

「樓」住舊日—藍屋　　　路德會協同中學　何詠淇

　　藍屋，香港城市中的瑰寶，深深地觸動了我的內心。每當我經過灣仔石水渠街，那藍色的外牆總是讓我驚嘆不已。這座歷史悠久的建築展現著香港的過去風華，它在這個現代化的都市中獨樹一幟。

　　藍屋的故事源遠流長。它的前身是華陀醫院，這個名字讓我聯想到過去的醫療傳奇。曾經，這裡聚集著神醫華陀的智慧，讓人們對醫學充滿了期待和希望。然而，隨著時光的流逝，這座建築在 1920 年代被拆除，讓位給一座四層高的新建築。這座建築的木質樓梯間和窗戶，讓我感受到了香港獨特的建築風格，仿佛帶我回到了過去的年代。

　　回想起 1990 年代，香港政府在為藍屋塗漆時，由於只有藍色油漆可用，整座建築被塗上了獨特的藍色，這讓我不禁想象著當時的情景。這種特殊的塗色讓藍屋更加引人注目，也為它增添了一抹神秘的色彩。

　　2017 年，藍屋獲得了聯合國頒發的亞太區文化遺產保護獎最高榮譽。這個消息讓我感到無比驕傲和欣喜，因為這是香港首次獲得這

樣的獎項。這座藍色建築,不僅是一個城市的象徵,更是我們的驕傲之作。

　　藍屋的附近有北帝廟,這個古老的廟宇讓我感受到香港人民對信仰的虔誠。北帝廟建於 1863 年,是灣仔居民集資興建的。我想像著當時的居民在這裡祈禱,希望能獲得神明的庇佑和長壽。廟宇經過多次修繕,在 2005 年得到了香港政府的資助進行了大修。它的四合院設計和雙龍裝飾,讓我感受到中國傳統文化的博大精深。

　　藍屋和北帝廟,這兩個地方對我來說不僅代表著香港的歷史和文化,更是觸動我內心的情感符號。它們讓我回想起過去,讓我對香港這個城市充滿了熱愛和敬意。無論時光如何變遷,我相信藍屋和北帝廟將永遠是香港的驕傲。藍屋和北帝廟對我來說有著特別的意義。每次我走過香港灣仔石水渠街,看到那獨特的藍色外牆,我都不禁心生敬畏和感激。它們是我與這座城市的情感紐帶。

第三站—灣仔

📍 第二章——香港的你我他

在香港這個多元文化的城市中，宗教作為一種重要的社會現象，對人們的生活產生了深遠的影響。本章將介紹香港的多元宗教以及它們在人們心中的情感和感覺。

首先，對民間宗教的情感和感覺，本章分享了各同學對民間宗教的體驗及感悟，描述傳統節慶活動中感受到的宗教氛圍和信仰的力量。探討了民間宗教對香港人生活的影響，宗教信仰給予香港人力量和支持，也探討了宗教對人的意義。對同學而言，宗教不僅是信仰，更是人們尋求安慰、指引和超越的精神力量。

另一部份的文章以香港的傳統節慶和信仰關係為主題，介紹了一些重要的節慶活動，如農曆新年、中秋節等，以及它們與宗教信仰之間的緊密聯繫。此外，同學們分享了參與工作坊或導賞的經歷，通過親身參與，深入了解了不同宗教的儀式、習俗和信仰，對香港的宗教多元性有了更深刻的認識。

除了本地的宗教，香港也吸引了許多外來宗教的信徒。在宗教遊蹤活動中，同學們感受到不同宗教的獨特魅力和信仰體驗。雖然這些宗教與本地文化有所差異，但它們在香港社會中佔據著重要的地位，豐富了香港的宗教多樣性。

通過介紹這些內容，我們將帶大家了解香港的宗教多元性以及宗教在人們生活中的重要作用。宗教不僅僅是一種信仰，更是連接人與人之間、人與社會之間的紐帶，它為人們提供了情感支持、價值觀指引和社會凝聚力。

北帝廟　　何麗萍繪

親近凡人的民間信仰　　　　路德會協同中學　余嘉儀

　　民間宗教，如同一幅承載著古老智慧和深厚情感的畫卷，源遠流長，傳承著中華文化的精髓。在這個多姿多彩的世界裡，民間宗教成為了一抹不可或缺的色彩，將神明、鬼魂等超越塵俗的存在融入人們的生活，激盪著一片獨特而神秘的風景。

　　中國的民間宗教，仿佛是一本古老的書卷，記載了千百年來人們對於神靈的崇敬和畏懼，折射出歷史的變遷與文化的傳承。神明作為它的核心，如同一盞燈塔，在漫漫歷史長河中為人們指引方向。其中蘊含的深奧智慧，讓人不禁沉思，這或許是科學難以揭示的奧秘，亦或是古人心靈的寄託。

　　古代人們篤信神明的力量，視之為庇佑與守護。他們信仰神靈，以求平安順遂。而這種信仰，與我們的生活息息相關。不論是在日常的信仰儀式，還是代代相傳的文化傳統中，都承載著人們的感情和思想。

　　正如一幅繽紛的畫作，民間宗教的細節中，蘊含著豐富的象徵和意義。初一、十五不洗頭，貼對聯，燃香祭拜，都成為了一種習俗，將信仰與生活融為一體。例如，新年時的放爆竹、貼對聯，既是祈願，更是對那古老神話中年獸的抵禦。年獸，犄角武器，讓人們為之戰慄，而燃放爆竹、貼對聯，竟成了擋在年獸面前的神奇盾牌，將祥和帶入村莊，守護著人們的平安。

　　民間宗教，承載了古代的智慧和情感，成為中華文化的珍貴一環。它如同一顆古老的寶石，閃爍著豐富的光芒，凝結了代代相傳的信仰與敬仰。在中華民族的文化中，它既是玄學的一種體現，更是豐富多彩的文化體驗。

　　正是因為對這種民間宗教的敬重，我們才能夠看到中華文化的多樣性，見證世代相傳的傳統。寺廟中的祭拜，香火的綿延，都是文化的傳承，也是情感的交融。在這深沉而又神秘的宗教信仰中，我們感受到了古代人們對生命與宇宙的敬仰，更領略到了中華民族文化的輝煌與博大。

　　因此，民間宗教不僅是一種傳統，更是中華文化的寶貴組成部分。它讓我們與過去的人們建立起心靈的紐帶，與傳統的價值觀相互交融。無論是對神明的崇敬，還是對年獸的戰勝，這些傳統習俗都在悄然間，將我們與歷史連接，與文化共鳴。讓我們懷著虔誠的心，繼續傳承這份珍貴的文化遺產。

摩門教大樓　　何麗萍繪

西洋長老説地道粵語─摩門教　　王肇枝中學　徐戩鴻

　　在香港這華洋共處的社會，不同宗教自由地發展，例如基督教、伊斯蘭教、佛教等。大家聽過摩門教嗎？摩門教是美國中西部地區流行的宗教，於基督教後期才成立，教派源自於美國東海岸，教會成立時間大致在 1830 年。原先，我其實和大家一樣，對摩門教十分陌生，但經過今次的參觀，令我獲益良多。

　　在灣仔告士打道 118 號，聳立著一棟紅磚教堂，它就是耶穌基督後期聖徒教會。一踏進純潔的教堂，映入眼簾的是洗禮池，雖然看上去洗禮池的面積不算太大，但它卻在教會內擔當着一個重要的角色。沒想到，一抵步就看見不少信徒衣着端莊地迎接我們，當中男教徒稱為「長老」，而女教徒則被稱為「姊妹」。他們多數來自美國、英國和多倫多，但他們卻對香港的宗教文化十分感興趣，於是便決定留在香港向眾人宣揚摩門教。

　　接着，在各位「長老」和「姊妹」的詳細講解下，我才漸漸地認

📍 灣仔

識了摩門教，也得知了原來信奉摩門教的教徒，他們必須禁止婚前性行為、禁止吸毒、喝咖啡因飲品、禮拜日不消費等等。這些看似與一般人不同的規條，原來有著特別的原因，就連「肉食」也有規定：經文說要少吃肉，他們要「感恩地」並且「節省地」使用。由此可見，摩門教的教徒十分自律、嚴守教條。

　　通過今次的宗教遊蹤，令我對於這群在鬧市中西裝筆挺的外國人有了更多認識，雖叫「長老」但與年紀無關，不但令我對不同宗教的教徒改觀，更令我接觸到摩門教。對比起在學校聖經課學到關於基督教的知識，我認為這次的遊蹤真是別有一番趣味，可以親身和摩門教徒接觸，更加深入地瞭解摩爾門經的內容。可惜到了今時今日，不少人們都對不同信仰的基督徒另眼相待，例如歧視和排斥。在外國，有些不同信仰的教徒產生紛爭，甚至毆打對方。舉例而言，現今社會上有些人，一談起伊斯蘭教，便會聯想起極端主義，甚至恐怖主義。但我卻認為，不同宗教的教徒應該和平共處，要學會包容和接納對方。歧視地對待不同信仰的教徒，只會為世界帶來更多不必要的紛爭，令世界變得更加混亂。因此，如果不同信仰和宗教的教徒可以一直和平相處、相親相愛，那麼我相信，世界一定會變得更加和諧可親。

世界和平，由心開始　　王肇枝中學 李子木、施慧宜

　　你認為信仰是什麼？你對宗教又有何看法？宗教的定義是指對人或事物有堅定的信念及信任。今時今日，我們身處發展迅速的香港，曾經的我，與多數年輕人一樣，漠視了宗教和信仰的存在。但由於學校的一次活動，讓我對宗教與信仰的看法開始有了微妙的變化……

　　初次接觸摩爾門教時，是見到那貞潔崇高的摩爾門教教堂。進入教堂後，隨即迎接的是熱情而謙遜的摩爾門教徒，亦稱為長老或姊妹。幅幅壁畫掛在教堂的壁上，有的紀錄了歷史，或是描繪出神明的聖潔，也有的映射了過去的社會與神的旨意。後來長老及姊妹帶領我們參觀了洗禮池，經過了洗禮後，神會赦免人的罪，正因這樣，他們才更注重於行善。

　　隨後他們亦略為介紹了摩爾門教的背景及宗旨，但讓我最為深刻的環節卻是交流環節。他們身為外籍人士，卻因宗教與信仰獨自來到香港傳教。在這傳教的道路上，語言不通，人際關係疏離，陌生的城市，外界的質疑與不解，將摩爾門教稱為邪教，無處不在的問題困擾著他們。身為香港人，我們又能否多給一些理解及尊重呢？

　　後來，我們認識了巴哈伊信仰，俗稱「大同教」。巴哈伊信仰比起其他宗教則更注重人人平等和世界和平。巴哈伊信仰沒有崇高的教堂，巴哈伊信徒提倡性別平等，廢除奴隸制，並且提倡宗教同源，因為人類的信仰與宗教都是平等的。巴哈伊信徒以歌頌形式來讚頌神的恩典。在香港，巴哈伊信仰並沒有廣泛的傳播，卻因此在香港受到了不少人的無視與排斥，可這些並無阻礙他們傳教的決心，原來在某刻，信仰能帶給人的，是堅定的信念與決心。

　　參觀完多元化，來自不同地方的宗教，關於香港的本土宗教與文化亦必不可少。因此我們參觀了位於大坑的蓮花宮，是香港的一所觀音廟宇。廟宇中肅靜而莊嚴，飄出一陣陣燒香的味道，伴隨著人們撫拜觀音的誠心，希望菩薩保佑他們身體健康，萬事如意。而拜神或佛教則提倡超脫凡俗，行善積德，告誡世人要知足，惜福。蓮花宮外牆刻有祥雲與仙鶴的壁雕，屋簷則是中式的裝飾與蓮花，端莊而雅緻。

📍 灣仔

廟宇內則有兩座觀音坐像,坐像前有一座祭台,祭台上有香爐與蠟燭供人們點香使用。廟內點燃了數百盞蓮花燈或燈籠,頗為壯觀。樓梯間置有一座巨石,傳言是觀音曾坐在此石上顯靈,因此在坊間盛傳為神石。天花板上雕有一條祥龍,也反映了大坑的文化----大坑舞火龍,氣派恢宏。想必,蓮花宮便是坊間藝術與宗教融合的信仰。

看到這裡,我才發現香港每一處,每一個角落,都有這些宗教與信仰的蹤影。但在時光的飛逝中,有多少時代的信仰被淹沒呢?又多少人與曾經的我一樣,漠視甚至唾棄某些宗教?只願在香港的未來,更多的香港人能瞭解多元的宗教或信仰,給予不同的文化多些包容與尊重。別讓宗教信仰文化成為時代的泡影。

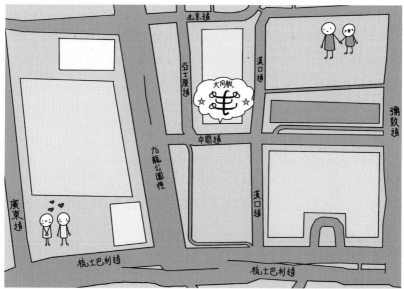

大同教地圖　　　　　　　　　　　　　**何麗萍繪**

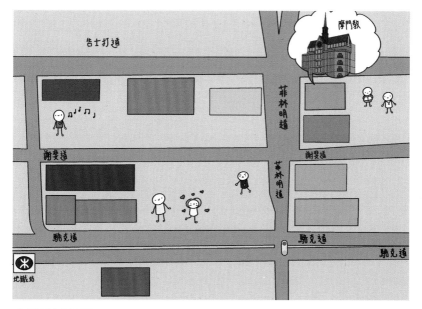

摩門教地圖　　　　　　　　　　　　　**何麗萍繪**

 灣仔

歷史與人文交織的畫卷一民間信仰

路德會協同中學　歐寶儀

　　在灣仔區的心臟地帶，一個歷史的脈絡靜靜地織成獨特的文化風情。時光的洪流在此繪出一幅幅生動的畫卷，而這些由歲月鑿出的古蹟，經過精心的修繕，現已呈現一種優雅與新穎的融合。最近，我們有幸參加了一場由專業導遊主持的工作坊與導賞團，深度探討這一地區的歷史與文化內涵。

　　在活動的序幕，導遊首先帶我們走進了舞火龍的奇妙世界。這種悠久的文化傳統，源自香港的深厚歷史，已有超過一百年的故事。起初，舞火龍只是一種驅邪避疫的儀式，而現在，它已經轉變成一種祈求平安的象徵。導遊分享了一個令人深深感動的故事：一個小男孩在溺水之際被火龍隊所救，這件事讓村民們對這項傳統的虔誠更為深厚。彷彿在這個故事中，我們都能感受到傳統文化與我們生活的緊密連結。

　　接著，導遊帶領我們踏入華陀醫院的歷史長河。這個醫院原先是一座名叫「華陀廟」的神廟，供奉著古代的神醫華佗。然而，隨著歷史的洪流推進，「華陀廟」被巧妙地改建成了一座充滿特色的唐樓。

　　在我們參觀廟宇之前，導遊細心地解釋了疏通問事的全過程。這種在神廟中請示神明的儀式，讓我們了解這種儀式的內涵。隨後，我們抵達了北帝廟。導遊讓我們深入了解了北帝廟的歷史和建築特色，讓我們對這座神聖的寺廟有了更深入的了解。

　　最後，我們來到了工作坊，開始體驗製作迷你花牌的樂趣。專業的師傅悉心地指導我們製作花牌的每一個步驟，讓我們在他的指導下，逐漸掌握了製作花牌的技巧。

　　透過這次的工作坊和導賞團，我們不僅深入了解了灣仔區的歷史和文化，還親手體驗了傳統手工藝品的製作過程。這次的體驗讓我們更加珍惜傳統文化，並且深深地希望能將這種珍貴的文化傳承，繼並發揚光大。

　　在我們離開工作坊的那一刻，回頭望去，那些我們親手創作的花牌在微風中輕輕擺動，就像是歷史和現代的交錯，傳統和創新的融合。心中充滿了對未來的期待，我們期待能將自己的學習和體驗帶入日常生活，讓灣仔區的歷史和文化在我們的生活中繼續發酵，成為我們的靈魂食糧。

　　這個導賞團和工作坊給我們的不僅僅是知識，更多的是對生活的感悟和對傳統文化的敬畏。我們帶著滿滿的收穫和感動離開了灣仔，但是心中對這個地區豐富的歷史和文化的了解和欣賞，卻永遠銘記在心。

　　讓我們在這個繁華的現代社會中，不忘繼續尋找那些被時間遺忘的痕跡，讓歷史的韻律與現代的節奏共舞，讓傳統的智慧與現代的創新相融，讓我們的生活更加豐富多彩。

灣仔

心靈的寄託 ，生活的美學　　　王肇枝中學　姚嘉寧

前幾篇的文章中你已經了解到我們的旅程探索了不同的宗教和文化，可是在簡單的接觸後，或許你並不會對這些信仰或文化產生任何深思，那就讓我來向你分享我在走訪後的想法。

吾土吾情的第一站便是摩爾門教的教堂，摩門教最廣為人知的印象，便是異端或邪教。說實話，在這次的走訪中，我並沒有感受到教徒們的行為舉止是怪異的，這聽起來令人詫異吧？正是這樣不禁令我深思，為何摩門教會被人定義為邪教？

基督教剛在羅馬帝國出現時，也曾被視為外來邪教而被排斥驅逐，後來便轉變為主流，被統治者奉為國教。所以誰又能斷定摩爾門教的未來？

在參觀的過程中我曾向教徒提問，除教堂以外哪裏是最多人祈禱的地方，他的回答是「醫院病床邊的祈禱，比任何教堂都來得迫切真誠」。以往我總認為「救贖」這個字有誇大的成份，人們處於絕望的狀態時，或許「神」真的是他們的「救贖」。

巴哈伊教亦稱為大同教，巴哈伊教最令我印象深刻的便是教義「上帝唯一，宗教同源，人類一家」十二隻字，簡單易明。作為一個無神論者，了解這些宗教文化後，越發覺得缺乏信仰，也許並不是一件好事兒。無神論和宗教信仰的缺失，帶來的是道德約束的薄弱性。無知者無畏，我覺得約束一個社會個體行為有兩種方式：知識、信仰。當因為無知而無視法律、無視約定俗成的規則時，信仰就是最後一道防線，雖無知但有畏。

來到本土的民間信仰，大至車公廟、天后廟，小至鵝頸橋打小人。大多都是與日常生活息息相關，沒有任何教義，人們看待這些信仰的態度大多都是「信則有，不信則無」。越靠近現代，「拜神」的程序從繁複變得簡易，是否代表了新一代對習俗的重視減少了？

宗教、信仰、迷信的界線變得模糊起來。在我看來這些都能解脫

人，也能束縛人，解脫人的是信仰，束縛人便是迷信。在發展宗教信仰以及擺脫陳腐的封建迷信之間是否存在衝突？

回想日常生活，不少日常所見的事物背後原來離不開宗教，如花牌除了用於紅白二事，也會在盂蘭節神功戲的戲棚前搭上，道出「風調雨順，國泰民安」、「神恩永祐」等願望，而花牌及紮作工藝更成為非物質文化遺產之一。隨著傳統手藝的日漸式微，年輕一代逐漸不重視傳統手藝傳承，不禁令人好奇傳統手藝往後會是落幕，還是有天能重拾輝煌。

在體驗花牌製作的過程中，我發現這些傳統手藝似乎以另一種方式傳承着。例如在這次參觀中，我們學習了製作小型花牌，就如參加體驗班一樣，在短短的幾小時內學習到花牌的基本知識，同時也能勾起對有關的傳統宗教文化的興趣。

宗教是人類精神與心靈的寄託，其呈現方式可謂精彩多樣，人們對真善美的追求，構成了東西方豐富的生活文化，孕育出藝術與美學。

📍 灣仔

你我他，同共處，這個家　　　路德會協同中學　蘇銘言

在香港居住已有十年，然而對於這片土地的了解卻似乎還停留在表面。景點、傳統文化、宗教信仰等問題，對我而言仿佛是無解的謎團。儘管這裡是我成長的地方，但對於香港的情感似乎還未能完全深入。

但偶然的機會下，我了解到了一個與香港民間宗教相關的活動。這個活動涉及到一些古老的建築，其中包括藍屋。藍屋經常出現在新聞中，雖然我對它有一些了解，但仍決定參加這個活動。一方面是為了更深入地了解香港，另一方面則是希望擴展自己的視野。

這次活動讓我深入了解了民間宗教的世界，對於許多香港人而言，藍屋是城市的象徵，而民間宗教則是無法忽視的一部分。我雖然並沒有宗教信仰，但對於某些事情還是會有些許迷信，例如在農曆新年會去拜財神，希望新的一年能有好運氣。因此，當我參觀藍屋並聆聽導遊的講解時，內心會湧現出共鳴之情。

在我印象中，我也曾接觸過一些民間宗教，就像之前提到的拜財神一樣。儘管這些習俗可能並沒有太多實際效果，但卻能讓我內心感到平靜，因為它們似乎理所當然。因此，當我了解到不同的民間宗教時，並未感到太多驚訝，但我仍然覺得這次活動是一個豐富的經驗。

這次活動不僅讓我看到了香港繁榮的背後，更展現了城市友善和充滿愛心的一面，同時也讓我更深刻地認識到香港民間宗教在人們心中的重要地位。無論是否信仰，這些宗教習俗在人們的生活中扮演著獨特的角色，承載著情感和信仰，傳承著古老的智慧。透過這次活動，我開始更加珍視和尊重這份多元而深厚的文化遺產，同時也更深刻地理解了香港這座城市的多樣性。

第三章——情尋非遺

那一天　那一刻　那個場景

關於人、關於土地，還有歷史原因的結合，

成就了屬於所有人的非物質文化遺產

人去樓未空—香港非遺中心 　　@三棟屋博物館

　　荃灣古稱「淺灣」，因為靠近海岸水淺。荃灣在東漢時期已有人聚居，並發現了漢代的文物。相傳南宋末年，蒙古軍隊追殺宋末二帝時，二帝曾逃到荃灣與元兵激戰。清初時，為了防止沿海居民進行反清活動，清朝頒布了「遷界令」，要求沿海居民內遷五十里，包括香港在內。清康熙八年，大批客家人遷入荃灣，建立了約 26 個村落。

　　其中陳氏家族在乾隆時期從廣東移居荃灣，並建造了三棟屋。三棟屋至今已有 200 多年的歷史，保留了傳統客家圍村的格局。1981 年，三棟屋被列為法定古蹟並成為博物館，展示了農具和客家日用品。由於復修成果優秀，三棟屋曾獲得 1990 年度的「太平洋古蹟大獎」。三棟屋內有三進的格局，正廳擺放陳氏先祖的神位，屋前的空地保留了供村民休憩和曬禾的功能，並設有土地神社壇以保護村民平安。

　　2016 年 6 月，非物質文化遺產（非遺）辦事處在三棟屋博物館設立「香港非物質文化遺產中心」，作為其展示和教育中心，舉辦展覽、講座、研討會、傳承人示範和工作坊等。當中，我們在不同的細節中發現了情。

非遺「活」在三棟屋　　　　　華英中學　林菲琪

　　繁華的都市，滿目的燈彩，山海般的人潮，流水似的車輛。這就是香港，我們熱愛的城市。高樓大廈林立，科技日新月異，無一不說明這這個城市正在快速發展，人與人的那份情誼也仿佛在這無形中慢慢淡化。如果你曾靜下來，用心去欣賞，你就會發現這份情的獨特與珍貴之處。

　　穿越街道馬路，來到位於新界的三棟屋，這裡不僅反映了地方的生活方式，亦展現出了香港作為國際城市的文化底蘊，讓我們能去了解到箇中蘊含的情懷。三棟屋是香港極具歷史和文化價值的客家圍屋，在 1987 年被活化為博物館，融匯了香港物質與非物質文化遺產的精髓。這座香港古蹟瑰寶從不同角度體現了舊日的鄉村生活和文化，成為了香港非遺中心。

　　三棟屋的大門，左右兩邊各有對聯，正上方的中間懸掛一個中式大燈籠。邁過三棟屋大門的門檻，首先映入眼簾的是中廳以及後方的祖堂。而我們身處的前廳兩側則是導覽室。我們先到導覽室觀賞了一

荃灣

段影片。影片介紹了許多不同的節慶活動，例如薄扶林舞火龍，大坑舞火龍，食盆等等，都是很有意義的傳統節慶活動。而當中最讓我印象深刻的莫過於「點燈」—這是新界各鄉村的習俗，在農曆正月點燈，寓意添丁，香火延續。看著視頻裡大家一起歡喜過節日時臉上洋溢的笑容，我也好像身歷其境，親身體驗著那份情般。

從導覽室離開後我們繼續向前走，穿過中間的露天天井來到了祖堂。祖堂除了供奉祖先外，還是陳氏族人昔日舉行點燈、婚宴等傳統儀式的場所。探頭望向屋頂還可以看到兩條綠色的繫樑，分別刻有「長命富貴」和「百子千孫」的祝福語句。透過這些，我仿佛穿越時空，看到了當時一幕幕的美好畫面，以及陳家人對生活和未來的嚮往。

參觀完祖堂後我們到了左邊的房舍參觀，當時的房屋設計真的和現在大有不同。基本都是由木頭和磚頭製作而成的，而他們當時的洗手間竟然只是一堵隔開視野的牆壁，實在令人震驚不已。離開房舍後我們走到了左天街上，這條路比較像是向上的斜坡但是卻有闊大的階級，據導賞員所說，這是為了減少孩子摔倒的可能性和方便看顧。走到盡頭便是活動室。

我們在導賞員的講解和示範下學會了木刻印刷，印帶有祝福意味的圖畫。首先需要在印章上塗滿紅色的墨水，然後對準紙上，一鼓作氣印下去。雖然看似很簡單，但實際操作卻並非如此。塗的墨水不可以太多，否則會導致最後印出來的圖案混淆在一起，同樣，墨水也不可以太少，不然圖案會太淺導致模糊不清。就連看似簡單的印畫實際操作起來也如此考究，更何況是其他聽起來就難的非遺技藝，不得不說以前的人真的都很厲害。

一次的參觀，不僅讓我深深體會到人與人之間的那份情，亦了解到了不同的物質以及非物質文化遺產，可謂是讓人獲益良多。非遺，聽起來那麼遠，原來就在生活中，這麼近。

香港‧永不褪色的「家」　　　華英中學　鍾淨洳

　　在荃灣這個熙熙攘攘、車水馬龍的地方，人人遵循著快速的生活節奏，低著頭急步往目的地前進。我走在道上，四周的高樓大廈為行人遮擋着刺眼的陽光，周遭被城市繁忙的氣息所包圍。突然，一棟古色古香的建築映入眼簾，它只有一層高，驟然望去都被郁郁蔥蔥的樹林所環繞，潔白的牆壁映上周圍樹木的影子，屋簷灰色的瓦片歷經風雨年月的洗禮，彷彿跟四周現代都市化的高樓林立都格格不入。

　　我步入其中，抬頭便看見大門上顯眼的一對對聯，中間紅彤彤的燈籠似是在歡迎我們的到來。隨著導賞員娓娓道來三棟屋的歷史和結構，我才慢慢注意到此處的獨特之處。三棟屋是香港古老的圍村之一，經歷了二百多年歷史仍保存良好，而從 1987 年才開始改為三棟屋博物館，開放讓市民參觀。它的結構十分獨特，左右對稱，一路走來，四周的佈局亦十分相似，我感覺自己彷彿進入了一個迷宮。

　　不經不覺間，我們一行人已經走到了三棟屋的中廳，中廳為村民日常吃飯的地方，遇到喜慶事亦會在此宴客；門上懸掛着醒目的「齒德欽重」的牌匾以勉勵後人。然而最吸引我目光的，卻是懸掛在中廳樑上的一盞子孫燈。它的設計華麗，色彩奪目，分放在角落的四朵雕花亦栩栩如生，使人捨不得移開目光。據說昔日當有男丁出世時就會點亮這盞子孫燈，但現時已經沒有這個習俗了。

　　再繼續往前走，便到達了陳氏先祖的祠堂，它的裝潢用色都較其他地方華麗。面對着華麗卻又莊嚴的祠堂，我的心中亦不免泛起了一絲嚴肅的敬意。祠堂前方左右兩旁貼著的對聯勉勵著每一位正在祭祀祖先的族人，以先祖自身在顛沛流離中的經歷，鼓勵後人繼續以此決心「光前」「裕後」。看着這間承載着先輩拳拳愛護之心和諄諄教誨的祠堂，我也漸漸理解到導賞員提及的客家人重視宗族、家人和團結的概念。

荃灣

接下來，導賞員帶領着我們去到不同的展覽室參觀，這些展覽室都反映著當時族人的生活方式、習慣或工作等。除了讓我認識到現時生活環境的進步外，亦令我不禁感歎前人的智慧，使他們在沒有太多科技的協助下仍能便利自己的生活。其中令我印象最深刻的展覽室，是一間放滿農村生活用品的居室，入面展示著一款款的耕種工具。當我們第一眼看到時，大家都愣了一下，滿臉疑惑，還是靠著導賞員的介紹才弄明白它們的功用，這都是因為現時的生活中很少有真的看見或嘗試耕種的機會。這些我們難以想像其作用的工具，在以前卻是農民不可少的好幫手。

參觀完整個三棟屋博物館之後，我對以前的人的生活方式有了更深入和清晰的了解，不只是表面的「辛苦」，而是具體的農耕、捕漁、養殖等工作，更加明白現在的便捷生活得來不易。雖然現在已經很少人會像以往一樣，整個家族都在同一地方一起生活，但像三棟屋村內陳氏族人那種團結又其樂融融的氛圍，也很值得我們保持及維繫。

皮影戲—光影交集於白幕

一雙手，兩個身體，三拍四拍
「關滴滴，關滴滴，關關關滴」

皮影戲

皮影的韻律：一種藝術的傳承與體驗　　華英中學　賴琳

　　從小就很喜歡看皮影戲，卻摸不透她。天真的大眼睛凝視著台上，總是覺著那一個個屏幕上的影人雖像是天上的仙人般來去無蹤，但配上說書人獨特的腔調，她們在龍樓鳳閣、雕欄亭榭、紅花綠樹、奇峰異壑、碧海藍天中，舉步而蹈，揮袖而舞，提槍廝殺，繪聲繪色地演繹一個個精彩絕倫的故事，令我為之驚嘆不已，打心底佩服這些皮影的傳承人。

　　直到長大了，才開始對這項藝術有更深入的了解。在歷經千年風雨的中國大地上，無數的文化藝術瑰寶綻放出康莊的輝煌。其中，皮影戲以其獨特的藝術形式和深厚的文化底蘊，成為了璀璨的文化明珠。這種源自古代的藝術形式，不僅勾勒出了中國民眾的情感世界，也凝聚了中國古代文化的精神實質。

　　皮影戲是一種古老的戲劇藝術形式，其創作材料主要是牛皮、羊皮等動物皮革。皮影師傅們通過登峰造極的雕刻和染色，使得原本無生命的皮革變身為有血有肉的生靈，為他們添上了幾分神秘的東方色彩。皮影的演出靈動神祕，精湛嫻熟，每一個動作，每一個表情，都帶有濃厚的生活氣息和人文關懷。相信我，你的魂兒一定能一下子便被吸引到畫中，讓你魂縈夢牽的畫中仙，此時正在回眸一笑……

　　然而，這種古老的藝術形式正面臨著生存的困境。隨著科技的進步和生活節奏的加快，傳統藝術形式漸漸地被新的娛樂方式所取代。但是，我們不能因此而忽略了皮影戲的價值。它不僅僅是一種藝術，更是一種文化、一種記憶，一種傳承。傳承，是一個民族文化的生命線，它保證了一種文化的延續與發展。對於皮影戲來說，傳承皮影戲，就是要讓每一個人都瞭解皮影戲，都欣賞皮影戲，都參與到皮影戲手藝傳承中來，從而讓她在新的社會背景下也能繼續流傳下去。

　　就好像我，在一次偶然機會下，加入了皮影培訓班，才驚覺皮影戲其實一點也不容易，背後猶如演戲般大有學問。

　　打個比方，我需要操縱皮影的四肢以及頭部來表演。左手提著頭和手的竹枝，右手提著腳，跟著對白、音樂來表達人物的身份及思

想感情，在這裡就特別需要下苦功。我必須仔細聆聽對白內容，前後連接，以身帶入角色，盡量想像影人當時的心理活動，進行詮釋，比如說這人要向別人獻媚的時候，動作應該是卑躬屈膝，見到他就會長期低著頭；當他想表達開心的時候，動作幅度就會比較大，

走路時會被刻畫成一跳一跳的，或者是昂首闊步；通常這些都需要兩隻手互相配合，才能做出一系列既有順序又有動感的動作，呈現在觀眾眼中才會是一部令所有人都拍案叫絕的作品。

　　單單這裡，就可以看出皮影戲是中國的瑰寶，她是我們的歷史，我們的文化，我們的記憶。我們有義務將她傳承下去，讓她在新的時代中繼續照亮我們的文化之路，就讓我們一起攜手，為皮影戲的傳承而努力，為保護我們的文化遺產而努力，讓我們一起用行動來證明，傳統藝術在這個時代依然有其獨特的價值和無法取代的地位，讓這份千年的藝術瑰寶在新的時代中繼續綻放出她的光芒。只有這樣，我們才能真正地將這份千年的藝術瑰寶傳承下去，展現我們中華五千年文化的魅力所在，讓它在新的世紀中繼續綻放出她的光芒。這是我們的責任，也是我們的手藝，更是我們的榮譽。

皮影戲

好戲不斷·皮影戲 　　　　　　　　　華英中學　王欣欣

只那一眼，我便下定決心。

「你要將皮影戲學好，這並不難的。」我總在過去常聽爺爺說起這事。但那時候只覺學皮影戲是無底洞，是沒有結局的路程，是落日時分的不見光。不僅如此，我更是無法愛上這一攤死物。我厭惡它的製作工藝繁瑣難耐，我厭惡它總被那幾根線束縛著，被人操控著，就像身為皮影戲傳承人的我，我的人生被迫與皮影戲緊緊捆綁在一起，擺脫不去。

每當如此，我常受批評教育，我只能把不滿刻進一身反骨裏。我總覺得皮影戲就是凜冽的冬，沒有感情，沒有生氣。故此，望著那躺在被爺爺珍藏了大半生的箱子裡的各式各樣的皮影，只那一眼，我便下定決心，此生絕不與其產生任何聯繫。

於是有一天，那年少氣盛的傳承人將堆積已久的不滿通通傾倒給那個一心只為她好的人，她只顧把負擔卸下，卻聽不進聲聲歎氣，望不見那人臉上的憤懣臉色。一切所謂麻煩累贅之類的思緒如雨般滴入一池春水，再也驚不起半點波瀾。

自此之後，好長一段時間，我都聽不見那些責備批評的話。

待當初滿腔怨氣，摔門而去的我再次歸家時，不再聽見從那間舊房傳出來的聲聲吟唱。

「這不像是他的作風。」我低頭疑惑著。

進門時，一股刺鼻難聞的藥味撲面而來，目光所至的是慘白色的藥瓶堆在昏黃的戲譜與皮影上。他後來只將話語的不解、遺憾和藥一起流入咽喉，悄無聲息。不見日的黃昏，自此被蒙上了黑夜，再也見不到落日了。

可有一夜，他找了我。他和我說了很多話，只是沒有半句勸我繼續學皮影戲，但又在小心翼翼地暗示，怕我再一次生氣，再一次離開。最後，看著面色些許蒼白的臉龐，我答應他，陪他再看一場皮影戲。

鑼鼓喧囂裏，好戲開演。

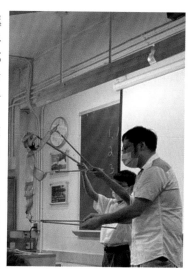

鼓樂飛揚，一方小小的白幕泛起了光。緊接著個巴掌大的影人隨之浮現在幕布上。隨著引線慢慢牽動，那影人居然宛若死而復生般煥發出生命活力。側身探頭望去，只見一雙巧手靈活地操縱著影人，顯得遊刃有餘。嫻熟的手法有序地變化著，像在指揮千軍萬馬。嘴裏時而發出渾厚低沉的嗓音，伴著樂音一起。

在這小小白幕上，那活靈活現的皮影，那婉轉多變的嗓音給人無比震撼的視覺與聽覺體驗。此刻，以往對皮影戲狹隘的觀點與不耐猶如棒槌重重敲打我心。愧疚頓時油然而生。

隨著音樂慢慢拖緩悠長，那激烈廝殺宛若夢境逐漸消失，只留一方白幕。

坐在我身旁的爺爺緩緩起身，身體顫顫巍巍地走向戲臺。我不明所以，只得跟上去。只見他坐在那白幕布後方，與年輕的皮影戲表演者並肩而坐。在那一聲鑼鼓聲後，讓皮影再次於台下觀眾眼前活靈活現。

他的手不似以往那樣剛健有力，他的聲音也不似昔日那樣鏗鏘有力。老年人氣衰，不到一會兒，便漲紅了臉，不得已而停下。

但，戲沒停。

年輕一代傳承人跟上爺爺的步伐，繼續舞動著皮影，唱著戲，讓

皮影戲

表演得以繼續。爺爺不甘心，休息短短片刻，臉漲紅的他仍繼續唱著，擺弄著竹竿，絲線操控著皮影再次活了過來。皮影被這一老一小揮舞著，它們身上似乎出現了原本的色彩，不是黑白，是黑白後的彩，不一樣的彩。是動人心弦的彩，是命名為「傳承」的彩。

情到深處時，爺爺對著天空，大聲吶喊。

「一口道盡千古事，雙手對舞百萬兵！」

此時，爺爺的眼眸裡含著對這皮影戲的深深熱愛與憂慮，他不禁慟哭。此情此景，我的心在飛速跳動著，雙手放在身側緊緊捏住。我感受著弦歌不輟的傳承，激盪千載的心緒。

再次仔細端詳著過去我厭惡至極的皮影，或許它本身不是活的，但白幕布後的人，卻能給予它無限的生命。我不禁深深感慨，這方寸遺存，竟濃縮了華夏的博大文明。

我走近爺爺身旁，深蹲下來，端詳著他那雙握住皮影的手，我能看到，手背上佈滿了細碎的褐斑，手指在顫抖著。但它仍緊緊抓住皮影，不捨分開。

我抬頭望向爺爺，堅定地說：「爺爺，我會好好學的。」

只那一眼，只那被震撼的瞬間，我便下定決心，不讓其只印在書本上，躺在書齋裏，而是將它兩千年來看過的滄海桑田，一一訴說給這天下，這萬千世界。

因為我堅信，戲不停，傳承不止，生生不息，滔滔不絕。

留低的與重生的 也在這邊—紥作技藝

王肇枝中學　蘇平安

當老師傅一個個退休，老舊的技藝能否遺留？

有幸留下的，也容易被遺忘，如何重生？

「咚、咚、咚」如果大家有到過長州看太平清醮的話，想必聽過這些的聲音，也目睹過不同相關的傳統手藝。可是在表面風光的背後，你又知道當中承載著多少人的努力？雖說很多傳統手工藝在近年都逐漸遠離普羅大眾的視線，但這又是不是代表它在繁華的都市中只配被人遺忘？

對於上一代的人，傳統手工藝可謂伴著他們長大，自出生開始走到今時今日。大家較為熟悉的傳統手工藝，可能是港式奶茶、麻雀這些？或許你會說，這些當然會保留下來，是傳統來的！但假若我說的是紥作、玉器製作，這些複雜而耗時的手藝，就沒甚麼人想去保留它了⋯⋯

當我對花牌、紥作這類的手藝有了簡單的認識，我再也找不到理由要讓傳統手工藝隨著時間的流逝，走到灰飛煙滅的一天。以花牌為例，在香港，還懂得製作花牌的老師傅已是買少見少，更惶論有大批新血加入，令這個手藝再次興起。可是，在工作坊當中，一個老師傅依然堅持去介紹花牌製作。即使我在嘗試製作一個微形的花牌時，也有覺得麻煩。但我看著師傅一直堅持去想辦法幫助這個想過放棄的我，就知道這不是錢的問題，而是關乎花牌製作的不撓。這種堅毅已很值得敬佩！在師傅的指導下，笨手笨腳的我也能完成這個簡易版花牌。當中所付出的努力、心血，絕非機器能夠相比的。用機器製造的花牌，就只是一個沒有情感的成品。只有傳統手藝，才能稱上有血有汗，才是真正的價值連城。再者，大家在大時大節看到花牌的時候，也是十分欣賞當中的鬼斧神工，誰不立馬舉起手機拍下來？儘管大家對這些傳統手工藝嘆為觀止，但沒有一個不是因錢、時間、麻煩，而對延續它們的生命有所保留。

紥作技藝

在我的眼中，這些傳統手藝也是很多上一代人的命脈。不知道大家有沒有看過《人間有情》呢？人間有情也是從梁蘇記的故事當中改寫。而梁蘇記真正的創辦人梁智華就是以雨傘製作這門手藝，成就了他們的家族生意。他們所造的雨傘為過往不少香港人遮風擋雨。這些回憶，我相信就只屬於在香港土生土長的你和我，沒有人能夠拿走。慶幸的是，梁蘇記依然是屹立不倒。但不幸的是，大部分的傳統手工藝的下場與雨傘製作截然不同。不過當中的共通點，就是每個傳統手藝，都是香港一路由小漁村發展為今時今日國際大都市的印記。這刻市面上可見的產品，有的也是因著傳統手工藝所啟發，然後以當中的意念、功用等作為新產品的設計藍本，將其包裝得更合適市場的口味。沒有了這些傳統手藝，現時所有種類的商品又會出現在大家的視野裏嗎？上一代的人正是靠著自己一手的傳統手藝來養活自己、家人，到了今個世代更是促成很多人不同的新想法，難道他們昔日的努力就不值得擁有保留下來的機會？

另一方面，我相信大家也認同，傳統手工藝絕對是文化瑰寶。這般珍貴的事物，豈不是應該好好保留、好好把它發揚光大？歷史和傳統手工藝一樣，兩者都是令人在當中學習、進步。既然無法挽留的歷史也得到世人的記錄，那為甚麼可以保留的傳統手工藝會不值得存在世上？此外，如果傳統手工藝沒有被保留下來，可能一、兩代後的小孩就會對其一無所知，他們只會覺得一切都是唾手可得的，有錢就能得到。今時今日的不同產業，少不免有一部分都是由傳統手工藝所啟發而生。只要傳統手工藝能夠繼續保留，至少未來的人也會知道他們所得到的都是由前人幫助才出現的。傳統手工藝的保留，相信能令人學懂珍惜，不要一切都想著用錢來解決。錢不是萬能，難道錢能在傳統手藝消失後再把它買回來嗎？

　　「有錢能使鬼推磨」這句話說得不錯。都市人的眼中都只是有錢、錢和錢，就沒有了。傳統手工藝在當今社會的經濟價值，在商人的世界我相信是少得似沒有。這些傳統手藝被看為既花又時間，更賺不到錢，是完全不合符成本效益的上世紀遺物，而我相信這也是大家不太樂意去保留這些傳統手工藝的原因吧。若然要把其中一項傳統手工藝原汁原味地大規模出現在市場當中，人力、物力、心力缺一不可，甚至會蝕不少的錢。雖說錢是重要，但世間一切也只是用錢來均量嗎？家人對你的愛、人與人之間的人情味，跟傳統手工藝一樣 ---- 是無價之寶。若然你硬是要用錢來衡量這些無價之寶，就只能怪你是個冷血無情的奴隸，更是一個除了賺錢以外就一無是處的奴隸！

　　雖說在金錢的世界當中，傳統手工藝可能是一文不值，但對於香港來說，它卻確是無價之寶。試想一下，當你向不同國家的人講戲棚、紮作，他們的印象相信也是來自香港的。無疑，不同的傳統手工藝定必是不同國家、地方其中一大特色，而當中有不少傳統手工藝只有香港才會有。假若這些傳統手藝不能在香港得到保留，這不是代表香港缺去了一種特色？每個地方、城市都有著自己的特色，而傳統手藝正是香港的特色之一。一旦香港失去了這種特色，就算表面上是多麼的五光十色，倒頭來內裏是多麼的黯然失色。

　　「食呀，十三幺！」大家現在所打的麻雀，想必都不是人手製的。人手雕刻麻雀的製作手藝已經離開了大眾的視野，但並不代表它應該要完全消失。正如一切傳統手工藝都總有自己的價值，否則這些手藝也不會出現過吧！既然傳統手工藝有著不可或缺的地位、價值，我確是找不到原因不讓它成為「留下來的人」！

紮作技藝

後記：

葉寶玲

　　紅白二事皆可見花牌紮作工藝，在師傅眼中卻沒有紅白之分，皆因每一個細節都是用心之作，不論是為新人、新店、節慶送上祝福，或是為逝者送上心意，均在乎真心誠意。由色彩運用到書法字句，亦體現傳統禮儀和中華文化，這種技藝的承傳意義重大。

　　隨著社會發展，傳統花牌的承傳面對現實的困難，例如空間限制、缺乏年青人入行等，亦不得不作出轉變。近年陸續有微型花牌的產品出現，或是有機構舉辦較簡易的工作坊，甚至與卡通人物作「聯乘系列」，成功吸引至多人注意，這些皆是由老師傅發起。學生完成作品後固然感到滿足，更重要的是在過程中的交流，師傅把心得、熱誠、技藝分享傳授，學生的好奇、興趣、製作，亦令師傅看見自己所堅持的仍有價值。

狹縫中努力成長·傳統工藝的去留　　華英中學 陳影羽

　　我始終堅信，傳統手工藝的價值，是難以衡量的。匠人們傾盡一世心血，一生只專注做一件事。每件作品，都是他們花費大量時間與精力所製作出來的。手工製作出來的東西不似機器那般完美無缺，它們或有瑕疵，並不完美，可那都是獨一無二的，有溫度的作品。單單是拿在手上，都可以感受到匠人的用心。

　　普通人不會入行成為老練的師傅，更不懂如何製作那些巧奪天工的手工藝，但那些傳統事物在長期的陪伴下，在不知不覺中，早已深入骨髓，刻在我們的記憶之中，難以忘卻。

　　然而韶光荏苒，逝者如斯。時代的浪潮裹挾著、推進著一代又一代人前進，同時也淘汰了不少傳統事物。我們從一開始的無所適從，到習以為常。這世間變幻，時代更迭的力量太過強大，而人又太渺小，因此無人能逃，無一幸免。心中縱有萬般不捨，卻只能默默看著陪伴我們成長的「老家夥們」悄然退出歷史舞臺，只餘下無奈的嘆息。

　　但傳統的事物，經過一番掙扎，是否又真的注定被淘汰？麥錦生是全港唯一手寫小巴牌師傅，入行四十載，他親眼見證紅色小巴行業從興起到衰落，從輝煌到黯淡，再不復往日風光。面對行業式微，小巴牌即將湮沒於歷史長河之中，他沒有放棄，而是順應時代浪潮，將小巴牌變成小巧精緻、便於攜帶的鑰匙扣。近幾年來，小巴牌鑰匙扣風靡全港，成為許多年輕人追捧的產品。而麥錦生師傅更主持小巴牌工作坊，向大眾推廣及介紹小巴文化和歷史。

　　守住傳統事物，不等於是墨守成規，一成不變。匠人們於傳統手工藝中加入創新元素，是向時代嬗遞的一點服軟，但這卻不代表他們甘願服輸妥協。他們逆流而上，懷揣著熱愛與傳承的使命，讓傳統手工藝在面對時代的浪潮時站穩腳跟，不至於被全然淘汰。它們的結局，不一定是徒留在回憶之中，它們還可以以另外一種形式，繼續陪伴在我們身邊，甚至成為風潮，讓更多人注意到傳統手工藝。

傳統工藝

傳統手工技藝的價值、去與留　　王肇枝中學 陳恩橋

　　在生活節奏急促的香港，人人的步伐都匆忙起來，傳統手工似乎就顯得「不合時宜」，沒落、失傳似乎就是他們的必然結局。上世紀的人擅長用一雙巧手找到維持生計的技能，這些傳統本土技藝曾經興旺，然而抵不過流年，風光褪盡，正被時代巨輪淘汰。時移世易，最難能可貴的，是一些資深職人仍懷抱著對手藝的熱忱，數十年如一日地堅持傳承傳統。如今只餘少數職人頑強奮鬥，繼續在小城裏默默守護。

　　默默傳承紙扎工藝的師傅說：「做好這樣的一個作品要花上三四天，和在外面打工，和每個小時都有時薪不同。現在的年輕人，誰又捨得花時間做起這些呢？」人人都在歎息，這些手工藝在歎息中沒落的時候，又有多少人是真正關注過手工藝的呢？我想有，但是很少。其實，隨著時代科技發展，比起高價的手工藝品，人們更願意購買物美價廉的機械商品。手工藝的生存空間狹窄，的確，投入時間和收穫不成正比。然而，人工智慧機器做出來的只能稱之為商品，而能稱之為作品的大都出自傳統手工製作。人工智慧機器實現的產物，一般只體現出商品的價值，難以比擬傳統手工藝品的真正價值。

　　最讓我感動的，是這些默默耕耘傳統手工藝藝人的堅持。即便世道艱難，卻仍然堅持本心。我想，他們一生都做着如此一門手藝，嚴謹、精益求精，長年累月下才能練就出一絲不苟的精湛手藝。

　　這些傳統技藝背後的故事更是滿載情感和回憶，他們所做的器物已構成香港文化的一部分——是文化，是歷史，更是先人們留下的智慧。

　　傳統文化永遠不落後，它有文化內涵，手工製作中有先人的智慧在工序裡，所以現代智慧化的加工單一文化內涵少，代替不了傳統手藝手工藝者的最大優勢，就是可以隨意創造。這些傳統手工藝不是死板的，順應時代發展，也會融入現代的元素。他們是帶著前人的創造力，一步一步流傳下來的，無可取代的文化瑰寶。

　　在這些傳統手工藝逐漸被時代的齒輪吞噬之前，民間早有個人或者機構組織為傳統手工藝找到安身之處，甚至結合設計、藝術加入當代的元素，創作出屬於今天的時代產物。關注、願意體驗的人也越來越多，甚至有旅遊團會專門到紙扎技藝展示館，花上四五個小時，做出一個獨一無二的作品。也有年輕人願意花三十多節課的時間，師承紙扎師傅，學習、感受紙扎技藝。大坑的傳統「舞火龍」，火龍在火光之中，一代又一代地流傳下來，有了專屬的火龍文化館，甚至隨著時代的潮流商品化。即使在香港這個「石屎森林」，也不乏傳統手工藝，不乏有心人默默守護、傳承。

傳統工藝

被時代淹沒的香港非文化遺產——神功戲

王肇枝中學 李子木 施慧宜

　　當今社會，人們閒時都有什麼娛樂活動？我收到的答案大多是煲劇、玩電子遊戲、看社交媒體、追星等等。但你又是否知道人們在沒有互聯網時以什麼來娛樂呢？老一輩的香港人一定會告訴你——戲劇。那其中最為隆重的便是神功戲，神功戲也是粵劇的一種，其定義泛指一切因神誕、廟宇開光、鬼節大醮、太平清醮及傳統節日而演繹供神佛觀賞的戲曲表演。在當代有著極高的反饋，老少咸宜，深受民眾支持。神功戲的戲服華麗隆重、戲班劇團的演出費用較高、對演出要求也較高。因此這種大型匯演較為罕見，但仍難掩民眾的熱情與信徒的誠意。節日時，有的地方信徒花費心血與金錢、不為酬勞，請來戲班劇團表演戲曲節目，有的為酬謝神恩；有的為祈福積德；也有的只是有著一片對神佛的誠心。

　　既然精彩絕倫，如今又為何在香港逐漸沒落？那便不得不提它的背景及興起過程了。神功戲的背景其實是宗教文化，興起可追溯到 19 世紀，一開始興起時雖較為黯淡，但「是金子總會發光」，八十年代慧眼識珠的民眾引領神功戲走入市場，終於造就了如此珍貴而兼具娛樂性與觀賞性的香港本土文化。而後來亦衍生出較為常見的粵劇，真正的成為民眾關注的焦點，實在來之不易，屬實值得鼓舞。

　　從上圖的妝造可看出，抹了胭脂的演員穿上隆重的戲服，眉眼中的神韻為故事賦予了生命。

　　神功戲的背景來自宗教文化，那麼大家知道神功戲分為多少種類嗎？其實神功戲是一個家喻戶曉的表演藝術，其大致分為廟會戲、節

令戲、祠堂戲、喜慶戲、事務戲和平安大戲等等。最常見和主要的還是廟會戲，一般是在關帝、北帝、呂祖、天后、龍王、城隍、山神、土地神等神祇誕辰時所演出的戲。由於「神功」是指敬奉神明而做的功德，因此大多會聘請粵劇戲班在臨時搭建的戲棚內演出神功戲，做到娛人娛神、人神共樂的象徵。在香港，神功戲多為粵劇、潮州戲和福佬戲，每年的神功戲都大致有六百多台，持續的時間不會太久，大約每台四至五日，天后的誕生自然是神功戲的「旺季」。天后的正誕雖然是在農曆三月廿三日，但前后的一個月不同的鄉村都會陸陸續續舉辦酬神活動。每年的酬神活動，都會吸引大批民眾前來觀賞，聲勢也非常之震撼浩大，震撼了無數香港人的心。

除此之外，每次舉辦神功戲都會進行一系列的儀式，以達致尊崇神明，但每次為不同目的而舉辦的神功戲的儀式都會有所不同。戲班每逢有新戲台演出，或戲台坐向有所更改時，通常會在首日上演例戲和正本戲前，舉行「祭白虎」儀式。《祭白虎》又稱為《破台》或《跳財神》，行內人一般稱之為「打貓」，為神功戲傳統戲劇目的一種，以祈求於新戲台演出順利。儀式開始前，戲班並不會事前通知成員，而是使用兩種方法提示：第一是戲班或會於戲棚前台擺放一張椅了，之後在儀式中用來掛豬肉；第二是會在戲棚後台的「神箱」豎起飾演玄壇使用的鞭及掛起玄壇頭戴的紗帽。自此至儀式結束前，戲班全員都不准說話。儀式由樂師及兩位五軍虎（武打演員）或資深演員參演。演員會分別演出塗上黑面的武財神趙公明（玄壇）和穿上虎皮戲服的白虎。內容大致是鑼鼓聲起，點燃炮仗，趙公明踏出虎度門快速繞前後台一周，並回到台前待白虎出現。

白虎「吃」過掛在椅上的豬肉後，與趙公明打鬥，最後被趙公明制伏，用鐵鏈鎖起，拖回後台。這時，「棚面」會奏起三次鑼鼓，而戲班全員聽到後，便一起大叫一聲，示意儀式正式結束，歷時約十分鐘。戲班平日舉辦的神功戲的儀式與有新戲推出時的儀式是不同的，戲班的神功戲需要進行一系列的儀式，包括：拜先人、地方神明及戲神（華光先師及田、竇師傅等）、在台口上香、上演「開台例戲」、封台等。無論是打醮、神誕等，戲班的神功儀式必是以「請神」開始「送神」為終。

相信大家應該都在香港各個地方都有看見類似用竹搭成的屋棚，

神功戲

這個其實就是竹棚舞台。竹棚在中國擁有著有悠久的歷史，傳統上以竹木草泥搭建而成，材料大都可以循環再用，符合經濟價值及具有環保的意念。用作粵劇演出的竹棚舞台稱為「戲棚」。戲棚是在有粵劇演出前臨時蓋搭，演出完畢便拆卸，戲體雖然突出「隨建隨拆」的靈活性，但是每次蓋塔戲棚和拆卸都需時數星期。蓋塔戲棚除了考量環境對戲棚建築的限制，更基於活動的特定需要和地形來決定蓋塔不同種類的戲棚，戲棚大致分為「龍船廠」和「大金鐘」，「龍船廠」又稱為「龍船脊」，其結構比較簡單，整體建築形態較低矮扁平，通常會在天后誕、盂蘭勝會等即興活動中使用；而「大金鐘」則仿照銅鐘的形狀搭建，其實是在「龍船廠」的基礎上加建一層棚頂，所以棚頂比較突出，戲棚也較大，「大金鐘」通常用於規模較大的太平清醮活動。

穿著虎皮戲服的演員，雖只有簡單的戲服，
卻是神功戲開場不可或缺的儀式。

那為什麼近年來不再聽到神功戲的聲音？其實如今也不至於在香港消失，只是在乎它的人漸少、越來越多的戲班散了，難道這種壯大而具觀賞性的文化就會這般消失在大眾的視野中？不得不感慨，時代在變遷，日新月異，古典的文化很多時早已趕不上時代的腳步。但神功戲若想永遠傳唱下去，便要創作出吸引年輕人的創新、引人注目的亮點。既然它是一種文化，文化是隨時著時代更新迭代的。那結合創新與習俗，也許以潮流文化或時事為沃土、老一輩與年輕人一同努力

耕耘，孕育神功戲的文化，這朵被遺忘的花朵才能再次豔麗盛開。同樣身為香港人，願這種意義非凡的本土文化仍能在這繁華的香港發光發熱，讓這個源遠流長的本土文化世世代代地流傳下去。

北帝廟

📍 第四章——年青人的 社區遊蹤

幾年的疫情，令香港人減少外遊，有更多機會和時間留在香港，你對它的認識有增加嗎？

疫情也令學生失去了很多在學校和社區學習的機會，因此，我們希望為同學提供更多深入認識社區和與人交流的機會，從中欣賞社區特色，學習從不同角度及方式分享所學。

深水埗警署

我們與加減除基金合作進行導賞技巧培訓活動，目的是訓練學生的社區及歷史文化導賞技巧。透過這個合作計劃，學生將有機會深入了解我們的社區和其豐富的歷史文化。他們將學習如何有效地解讀和欣賞社區的歷史和文化元素，並學習如何將這些知識傳達給他人。我們相信這種實地學習的經驗將有助於提高他們的溝通技巧，並培養他們對社區和歷史文化的欣賞和理解。

學生將會在導師的指導下，前往社區內的各個重要地點進行實地考察，他們將會學習到如何解讀這些地點的歷史和文化意義，並將這些知識以導賞的形式分

享給其他人。此外,他們還會學習
到如何規劃路線、管理時間,以及
如何有效地與觀眾互動。我們相信
這個計劃將有助於提升他們的溝通
技巧和領導能力,同時也能讓他們
更深入地了解自己所在的社區。

用遊人的視角,看熟悉的地方

社區遊蹤包括了港九新界,你可以
選擇探索九龍佛教建築,了解佛教
的信仰,或選擇走訪基督教中式道風
山,體驗中西文化的交融。此外,還
可以選擇遊覽港島的教堂,感受基督
教的宗教氛圍和建築之美。深水埗和
灣仔的文化遺產也是不容錯過的目
的地,可以在這些地方體驗到香港
的歷史和多元文化。

學生導賞團完結後的經驗分享

同學們對於他們所居住的社區充滿
著好奇和渴望探索的慾望。他們希
望能夠更深入地了解自己所處的
環境,並將這種認識與其他人分
享。在這一章中,我們將為同學
們提供一些社區遊蹤的主題和路
線,以幫助他們發現和體驗香港
的文化和歷史遺產。

讓我們一起開始這段令人興奮
的社區遊蹤之旅吧!

由同學帶領的學生導賞團

新界區：基督教道風山居秋「明」

路線設計：王肇枝中學　　　蘇平安、徐戬鴻、陳杏霖

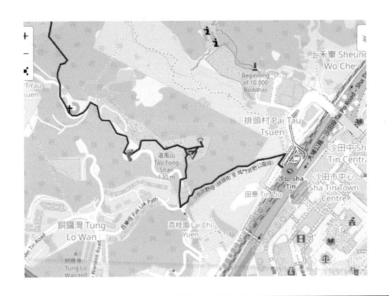

出發地點：沙田站 A1 出口，步行約 20 分鐘（或 1.2 公里）到道風山基督教叢林

參觀意義：透過是次活動，由建築結構入手，帶領參加者探索基督教有關資訊，尤其作為外來宗教在香港的發展歷史及融入中國文化的過程，體現香港多元文化共聚的特點。

溫馨提示：參加者需具備基本體能，帶備食水。活動期間，參加者必須遵循帶隊人員之指示，而帶隊人員將盡可能照顧各參加者之安全，惟如有任何非人力所能挽救之意外，帶隊人員將不承擔任何責任。

　　此為道風山之十字架，座落道風山東面，可俯瞰沙田市全景。

道風山之生命門，為通往十字架必經之路

引入：

· 道風山基督教叢林於 1930 年由挪威籍宣教士艾香德牧師 (Dr.Karl Ludvig Reichelt) 建成，現成為香港二級歷史建築。

· 道風山基督教叢林全名字皆有義，「道」意指神的話、「風」象徵聖靈的能力、「山」是提該建築物在山上，而「叢林」則為佛教用語，起初目的為用作吸引佛教徒信耶穌。

影相位 1：道風大千

此為一道石拱門，一邊寫「道風大千」，另一邊就寫「道風境界」。

📍 沙田

不熟悉的人看見「道風」二字，便會聯想起道教，但這裏的「道」則是指「道成肉身的基督」。

影相位2：明陣

・外表與迷宮相近，是一個入口與出口一樣地方，但並沒有設滿分叉路、死巷或高牆，不會令人感到身陷其中、迷失於撲朔迷離的困局中。
・明陣的目的在讓人在裏踱步、禱告，清靜心靈。不單基督徒會行明陣，其他宗教或無宗教的人均可在當中放鬆自己心靈。

影相位3：聖殿：

有如佛教寶塔，常被誤會為中式廟宇。

- 殿頂瓦列分兩行，外形成八角形，藍瓦紅梁，簷角飛翹。
- 攢尖頂中央豎立一十字架，每一簷角上，都豎立四個僧侶小像，聖殿外掛着一口從「景風山」搬來的大銅鐘。
- 殿外雀替遠看如同紅色十架。
- 殿內陳設以濃烈中華文化色彩表達和展示基督教信仰的理念。
- 聖殿內以十條鮮紅色的直柱支撐殿身，殿外也以二十四條紅柱支撐殿頂。
- 配合中國的園林建築藝術，在林中栽種各種花草樹木，發揮中國建築的清幽及空曠舒適的特點。
- 裝飾聖殿的四種主要顏色各有喻意，呼應中國傳統的類比觀念：紅色—喜慶快樂、綠色—生命、黑色—祭祀、藍色—祭天。

- 殿內正中位置設有金色十字架，上方之匾額兩旁的對聯，建堂初期為「太初有道」，對聯為「靈光普照 大願慈航」，希望引導佛道之士追隨耶穌基督 。
- 匾額後來改為「道成肉身」，對聯為「道與上帝同在 風隨意思而吹」，以基督教概念取代佛教意味。
- 雖說殿內的中式擺設與外觀和諧協調，但當中的器物與符號的象徵卻充滿基督教色彩。

📍 沙田

影相位 4：生命門

・「生命門」又會有人叫為「窄門」，其寬度只足夠一個人通過。
・「窄門」的兩旁有一對對聯：上面寫著「窄門進者少內有永生；寬路行人多並無真樂」。道風山基督教叢林為一供信徒退修之地，所以這些「建築」所著重的為其象徵意義，讓退修的肢體能藉著「感觀」上的親歷其境，從而讓他們能反思聖經中不同的教導。
・在基督教而言，走窄門引導人到永生。

活在主內石
・刻著「活在主內」，呼喚人心活在主內，效法基督在客西馬尼園的禱告。

感恩亭
・六幅耶穌事跡的彩瓷鑲在亭頂，以傳統中國風畫出。(五餅二魚、彼得認罪、論重生、好牧人、浪子回家、客西馬利田園中)
・建築融合中西特色

・不容錯過影相位：大十字架

・十二米高，刻上「成了」二字，紀念耶穌被釘死於十字架上，為世人贖罪，完成父神所交托的使命。
・甚至能與電影文化融合，曾為香港電影《點五步》場景。

小編：

　　雖說道風山基督教叢林是基督教場所，但在命名、建築上，均可見有一定佛教的元素，可謂揉合中西文化之地。

　　由開始進入道風山基督教叢林之時，起初的建築特色帶有中國文化及佛教或道教色彩，但越走越深入，感覺亦越有基督教色彩，最終的十字架更象徵耶穌用自己的寶血拯救世人，將有意信主的人帶到自己手中。而無意信主或有其他宗教信仰的遊人，則可在當中的明陣，或聖殿中，平靜自己的心靈，找到自己澄明的心。

📍沙田

港島區：認識天主教

路線設計：王肇枝中學　　　李子木、陳恩橋、施慧宜

建議季節：四季皆宜

時間：約 1 小時

對象：部分為歷史內容，較適合 10 歲以上的青少年

地點：香港天主教聖母無原罪主教座堂香港半山區堅道 16 號

出發地點：港鐵中環站 D2 出口

路線：港鐵中環站 D2 出口步行約 15 分鐘到達

參觀意義：透過欣賞建築物及認識其歷史，進一步了解天主教

想一想：為何港島區較多教堂建築？這與香港早年的發展有甚麼關係？相信你在途中，會找到答案。

溫馨提示：在步行前往香港天主教聖母無原罪教座堂的路程上，會有少許斜坡等不平路段，參加者應根據自身的身體狀況進行

聖母無原罪主教座堂

· 於 19 世紀後建成，為天主教香港教區的主教座堂。更於 2010 年被評為一級歷史建築。

· 教堂規模壯大以及其仿英國哥德式的建築風格，突顯教徒對教主的敬畏。

影相位1：座堂外觀

· 主教座堂規模龐大，有著高雅的歌德復興式建築風格，例如許多牆壁上刻有浮雕或嵌入雕像。

· 教堂的落成來之不易：曾於 1859 年時慘遭火災焚毀、又於第二次世界大戰中的香港保衛戰中遭受破壞、且聖堂啟用當天聖堂的一座石柱斷裂，堪稱歷盡坎坷。

觀賞重點：座堂內部

· 教堂內分設多個部分，如聖洗池、中殿、主祭台、祭衣堂等等。

中環

中殿

供教徒彌撒，兩側的彩繪玻璃窗用於透光，且設有一排排排凳，盡顯高雅壯觀。

主祭台

・台上中間位置設有主教座，為主持人的位置；一旁設有讀經台，供教徒宣讀聖言，台前的鴿子亦是聖神臨在的象徵。兩旁的石柱上嵌入了浮雕，極具美感。

・祭台下方的大理石板裏有 10 位聖人的聖髑

・上方懸掛一個十字架，中間印有耶穌的圖案

聖體小堂（原稱聖心小堂）

・聖體小堂原是第一代聖堂的主祭台，但現今用作存放聖體及敬拜聖體。

・兩側有四扇彩繪玻璃窗，分別繪有最後的晚餐的部分情形及耶穌在瑪利亞面前復活顯現的情形，使堂內添了幾分華麗與高潔。

福傳小堂（原稱聖安多尼小堂）

・福傳小堂的側牆展示了宗座代牧、宗座監牧和主教的遺照。

・祭台上有一尊由全體香港天主教學校的女學生於 1954 年贈予的無原罪聖母像及一尊用手捧着小耶穌的聖安多尼像，象徵神聖的光輝。

📍 中環

中華殉道聖人小堂（原稱苦難小堂）

· 中華殉道聖人小堂用於奉獻一些為拯救世人而犧牲自己的聖人。
· 存放 15 位聖人和一位真福的聖髑，供教友敬拜或祈禱，是載著神聖使命的小堂，意義非凡。

亡者小堂（原稱聖若瑟小堂）

· 亡者小堂內有一個由意大利贈予的祭台，用作紀念亡者。
· 小堂側有 4 扇意大利造的彩繪玻璃窗，祭台上有一尊抱著小耶穌的聖若瑟像。

小編：

　　參觀天主教建築物往往被其典雅美麗的外觀吸引，別忘記以認真莊重的心進入內部，在寧靜平和的環境中洗滌心靈。

九龍區：「深」入石硤尾內市區

路線設計：路德會協同中學

徐學楚、何麗萍、歐寶儀、陳梓恩

建議季節：四季皆宜

時間：約 2 小時

對象：部分為歷史內容，較適合 10 歲以上的青少年

地點：
1. 深水埗警署
2. 西九龍中心
3. 救主堂
4. 美荷樓

出發地點：港鐵深水埗站 C1 出口

路線：港鐵深水埗站 C1 出口步行約 5 分鐘到達深水埗警署，再步行 3-5 分鐘到達西九龍中心，步行約 5-10 分鐘到達救主堂及美荷樓

參觀意義：參觀具有香港歷史意義的深水埗警署，作為第二個歷史悠久的警署，再往香港別具意義的西九龍中心，作為香港為數不多的商場內，具有過山車及溜冰場，之後往香港路德會第一間教會救主堂參觀，最後以美荷樓是香港歷史悠久的公共屋邨，見證了香港公共屋邨的發展。參觀美荷樓青年旅舍，可以體驗香港公共屋邨的生活，感受香港社會的變遷。

　　首先參觀歷史悠久的深水埗警署，再前往為數不多設有過山車及溜冰場的商場，西九龍中心。其後到香港路德會第一間教會救主堂參觀，以美荷樓及其青年旅舍的參觀作結，體驗香港公共屋邨的生活，感受香港社會的變遷。

 深水埗

溫馨提示：穿著舒適：由於會有一定的步行距離，所以建議穿著舒適的鞋子和衣服。

保護歷史建築：在參觀歷史建築時，請尊重並保護這些珍貴的文化遺產。不要觸摸或破壞任何建築結構或裝飾。

尊重當地文化：在教堂等宗教場所，請尊重當地的宗教儀式和習俗。例如，可能需要保持安靜，或者在進入教堂前脫帽。

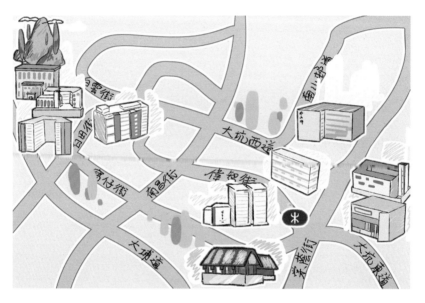

石硤尾地圖   **李卓瑩繪**

大埔道

陳欣希繪

 深水埗

深水埗警署

歷史建築：深水埗警署是香港的三級歷史建築，具有豐富的歷史背景和獨特的建築風格。你可以在這裡欣賞到舊式建築風格，並感受到香港早期警察制度的歷史。

打卡點：深水埗警署的建築風格獨特之處在於它是一個典型的英國殖民地新古典主義建築。

以下是一些具體的特點：

新古典主義風格：這種風格的建築通常以其對比度強烈、線條明確和形式規整而聞名。深水埗警署的設計就體現了這種風格，展現出一種簡潔而優雅的美感。

傳統圓柱門廊：C座大樓的門廊由傳統的圓柱組成，這是新古典主義建築的一個重要元素。

中式瓦片屋頂：屋頂上鋪設的中式瓦片，與建築的其他部分形成了有趣的對比，同時也體現了地方文化的影響。

包浩斯風格：面對內庭一面的設計展現了包浩斯風格，這種風格以其簡單、實用和沒有多餘裝飾的特點而聞名。

西九龍中心

　　西九龍中心是一個位於香港深水埗區的大型購物商場，其中有兩個非常特別的設施：過山車和溜冰場。

過山車：

　　西九龍中心的過山車名為「天龍過山車」，位於商場的 9 樓。這是香港首座室內過山車，於 1994 年開業。當年玩 1 次要 $15，走 3 次約 8 分鐘。最為人津津樂道的是過山車相當接近商場樓層，當中包括繞過溜冰場的一段，是坊間過山車中少有的體驗。可惜「天龍過山車」於 2003 年停用。

溜冰場：

　　飛龍冰上樂園位於西九龍中心的 8 樓，設有 17,000 平方呎的真雪溜冰場。過往的時光，除了可以溜冰外，還可以親身體驗冰上曲棍球。

📍 深水埗

香港路德會救主堂

救主堂於 1967 年建成。它是一個簡約的長方形建築，灰色柔和的建築物烘托出牆壁和入口大門上的彩色玻璃窗，每扇窗都飾以綠色邊。

打卡位：
1. 教堂角落裡的塔樓矗立著，其正立面裝飾著一道彩虹般繽紛的垂直玻璃窗，而在其頂部，一個象徵信仰的十字架靜靜地守護著。
2. 面對大埔道的牆壁上，整齊排列的垂直格柵如同音符般節奏分明，為這座教堂增添了一絲現代感。
3. 教堂的屋頂微微傾斜，柔和的照明燈如同星辰般從天花板垂掛下來。當陽光透過彩色玻璃窗灑進教堂內，微妙而獨特的橙色、黃色和紅色光線便在牆壁上舞動，如同彩虹般繽紛絢麗。

路德會救主學校   **劉晞程繪**

美荷樓

　　美荷樓，位於香港九龍深水埗區的石硤尾邨，是一個充滿歷史和文化氣息的地方。這座建築物是全港碩果僅存的 H 型徙置大廈，其歷史可以追溯到 1953 年的石硤尾大火。當時，這場大火使近 5 萬名居民無家可歸，政府為了改善他們的生活條件，迅速在石硤尾興建了這種類型的徙置大廈。

打卡位：

1. 美荷樓生活館的展覽區。生活館內收藏了許多有關美荷樓的歷史文化故事。地下展覽廳主要介紹興建美荷樓的背景和居民在寮屋的生活，還有播放石硤尾寮屋區的記錄片。
2. 上層展覽廳則有不同的模擬單位，將美荷樓 50-70 年代的居住環境重現在我們眼前。
3. 除了欣賞展覽，大家還可以在美荷樓地下的冰室享用食物。這間冰室不僅環境優美，其裝修還模仿了傳統冰室的設計，絕對是打卡的聖地。

美荷樓是香港二級歷史建築，2005 年關閉後直至 2013 年才改建成現在的青年旅舍和生活館。這裡不僅是一個旅遊景點，更是一個見證香港歷史變遷和社區發展的重要場所。

美荷樓　　　　　　　　　　　　　　　　　　　　**區楚瑤繪**

深水埗

美荷樓，虛擬考察遊戲片段

如各位有興趣，也可前往附近的特色景點

1. 前深水埗配水庫

前深水埗配水庫　　　　　　　　　　　　　梁芷晴繪

2. 嘉頓中心

嘉頓中心，虛擬考察遊戲片段

嘉頓中心   蔡穎琳繪

 深水埗

3. 北九龍裁判法院

北九龍裁判法院 虛擬考察遊戲片段

黃大仙區：佛道之別

路線設計：華英中學

陳影羽、溫凱渝、孔詠欣、黃子晴

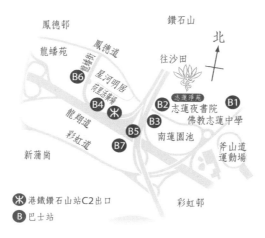

建議季節：四季皆宜

時間：約 2 小時

對象：16 歲或以上人士，中年人對宗教比較熟悉，能向年輕一代宣揚

出發地點：於志蓮淨苑門口集合，團友可透過地鐵鑽石山站、巴士及小巴三種渠道前往

路線：志蓮淨苑及南蓮園池由一座橋連接，步行約 3 分鐘，最後由導賞團帶領團友乘坐地鐵至黃大仙廟

地點：
1. 志蓮淨苑
2. 南蓮園池
3. 黃大仙祠

 黃大仙

參觀意義：佛、道二教作為香港較普及的其中兩種宗教信仰，時常因教義思想上的相容相似，而出現「佛道本是一家」的説法，到底兩者有什麼異同？是次導賞，參加者能夠到訪志蓮淨苑、南蓮園池及黃大仙祠等宗教代表性建築，從習俗、歷史、建築特色等多方面釐清不同宗教的差別，深入瞭解其歷史文化並予以尊重及敬畏之心，培養社會對不同宗教的正確認知及關注。

溫馨提示：參加者應遵守參觀廟宇的禮儀，如保持衣著端莊，避免穿著袒胸露臂，不可大聲喧嘩，不可妄加嘲諷或觸碰供器、神像及建築，以示尊敬及保護歷史文物，避免對信眾教徒造成滋擾，細味景點中的寫意恬靜。

志蓮淨苑及南蓮園池

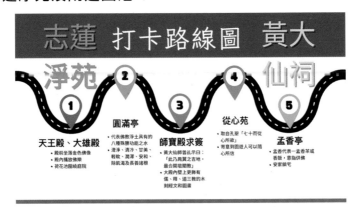

　　志蓮淨苑於九十年代重建，依照中國傳統佛寺「七堂伽藍」規模佈局，以敦煌莫高窟第172窟的壁畫《觀無量壽經變圖》為設計藍圖，建造唐式木構建築群。現為佛教非牟利慈善團體，為信徒提供參拜的宗教場所，亦為市民提供宗教、安老、文化、教育等福利，服務社會。南蓮園池則以隋唐郡府園林絳守居園池為參照，除古色古香的木建築外，更以山水堤谷和花木柏槐建造，盡最大程度保留自然風貌，兩者作為繁華都市的一方淨土，於2012年一併列入中國的世界文化遺產預備名錄。

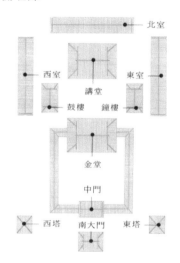

唐代佛寺「七堂伽藍」規模佈局

志蓮淨苑重建後的規模佈局

1. 天王殿、大雄殿

　　殿堂連貫南、東、西邊三個大門，沿中軸線採用「三進三重門一院」佈局，為中國建築典型的四合院形式。主建築天王殿前坐落金色佛像，由護持佛法的四大天王守護，殿內播放佛樂。第一院落藉四個清澈的荷花池圍繞庭院，意在淨化心靈的塵垢，更採用「雙樓加一殿」為背景，與主建築呈現《觀無量壽經變圖》中的壯觀景象。第二進院落則參照五台山佛光寺內的唐代木構建築東大殿，更設有法堂、藏經樓和齋堂，是信徒禮敬崇拜的活動場地。

2. 圓滿亭

圓滿閣位於園池中心，呈八角形，代表佛教淨土具有的八種殊勝功能之水，澄淨、清冷、甘美、輕軟、潤澤、安和、除飢渴及長養諸根。圓滿閣亦寓意相好圓滿、萬德圓滿、功德圓滿、所願圓滿，表達對遊人的祝福。

子橋和午橋位於圓滿閣南北兩端，以木結構拱橋重現古唐姿采，倍添古意。樓閣以蜿蜒小徑、花木奇石、鯉魚池和水潺瀑布作映襯，空靈寫意，展示中國傳統的園林建造技術和文化底蘊，遊人可於煩囂中停下歇息享受恬靜。

黃大仙祠

　　黃大仙祠始建於 1921 年，崇奉儒、釋、道三教，祠中主要供奉道教著名神祇黃大仙，及儒、釋兩教的神祇如孔子、觀音等。作為香港最著名的廟宇，常年吸引無數善信到來膜拜求籤，香火鼎盛，祈求姻緣財運健康。廟中金、木、水、火、土「五行」建築佈局別具一格，寓意五行具備圓滿和諧，極富中國傳統寺廟建築的特色，現被列作香港一級歷史建築。

1. 盂香亭

　　盂香，代表一盂香茶或香飯，意指供佛。盂香亭於五行建築中屬火，以八支紅柱襯托，亭內供奉了「燃燈聖佛」，放有「石符」拓板，供信眾請領以安家鎮宅，此外，亦擺放了佛教四大護法的瓷器神像，如身穿盔甲、手持寶杵的「韋馱菩薩」，能夠護持佛法、驅除邪魔，鄰近景點為「照壁」及「玉液池」。

2. 從心苑

　　從心苑為紀念嗇色園開壇 70 週年而建，取自孔聖「七十而從心所欲」，寄意到園遊人可以隨心所信。苑中採用中國傳統園林式建築，拱門兩旁刻有趙樸初居士所提的對聯。苑內設有小橋水榭、瀑布流水及人工湖泊等，又以各式小亭，如方亭、圓亭、六角亭、扇亭加以點綴，可謂綠意盎然、清幽靜謐。此外，百周年紀慶紀念石亦豎立於苑的入口，刻有「鑪峯百載，普濟萬民」八字，藉此宣揚嗇色園百年間的善業豐功。

黃大仙

後記：

　　同學們的成品集結是他們社區遊蹤的結果和成就展示。他們可以通過照片、文字、繪畫等形式將他們的遊蹤經歷和發現與他人分享。這不僅可以讓他們擴展自己的知識和視野，還可以激發其他人對社區的興趣和關注。

　　社區遊蹤是一個有益而具有意義的活動，不僅可以豐富學生的知識和經驗，還可以培養他們的探索精神和社區參與意識。透過這些遊蹤，同學們能夠更好地認識和理解自己所處的社區，同時也為社區的未來作出積極的貢獻。

第五章——指尖下的香港

指尖下，繪出繽紛色彩，繪出無限可能

葉寶玲

我和潘老師都沒有美術相關的資歷，也許是語文與人文學科總有相通之處，透過書、畫、電影、照片等事物，我們能看到人類如何記載過去、記錄當下、構想未來，當中的美不是單純用文字可以表達。作為老師，尤其任教高中，對於學生埋首於書本習作中的苦況甚是理解，至於其他學科，也離不開書寫。我們希望學生能夠在學習過程中得到多一點趣味，於是我們嘗試在計劃及教學中加入既可讓學生創作，又可以表達自己及香港特點的藝術元素—和諧粉彩。

每個人都是天才，只是在不同方面天資各異。在我們成為和諧粉彩準指導師的過程中，我們雖按照指定的主題完成部分畫作，成品卻各有特色，每每於交流時得到老師的認同、同伴的欣賞，有時候甚至在別人口中發現了自己從不知的美，這一切都令我很感動：長大以後，多久沒有這種經歷了？於是，我們成為「美術老師」，從基礎的技巧、構圖開始帶學生認識和諧粉彩，再與他們一同回顧計劃前期的經歷：參觀舞火龍文化館及紮作博物館、參觀港九歷史古蹟、認識不同宗教等等，讓他們自選主題，以所學的技巧創作出屬於自己的畫作，完成後再交流心得及創作理念。

指尖下，一個又一個熟悉的畫面漸漸呈現，把我們走過的路以不同的角度呈現，亦把學生的創造力和想象力展示，如同五稜鏡，折射出意想不同的光彩。這一切，成了我們教學的新嘗試，成了師生共同的美好回憶，同時記錄了香港獨特的城市面貌。

我們手中綻放的歷史與美學

潘星宇

我雖非美術專業之教師，然而我對和諧粉彩的熱愛，使我想以此方式啟蒙學生對香港特色的理解與欣賞。我深信，這種形式的美學教育不但能讓學生深入感受香港的歷史與文化，更有助於激發他們的創造力和想像力。

首先，我會讓學生從香港的地標或特色中選擇一個主題，如維多利亞港的炫目夜景，獅子山的巍峨壯觀，或是港式小吃雞蛋仔的可口美味。接著，他們將以粉彩繪製出自己心中對香港的獨特見解。

我鼓勵學生們使用各種顏色和形狀來傳達他們的情感和思想，並不必過於拘謹於現實的限制。在這個創作過程中，我會穿插一些香港的故事和趣聞，讓他們更深入了解香港的歷史背景和特質。例如，我會分享維多利亞港的由來，解釋其名稱背後的歷史故事，以及其在香港的歷史和政治中的核心地位。

此外，我也會將香港的傳統美食融入教學中，如雞蛋仔的制作過程與歷史，魚蛋的來源和烹煮方式，以及臘味飯的獨特之處等等。我將解釋這些美食的起源和製作方法，讓學生在品味美食的同時，也能了解更多香港的文化。

我期待透過這種教學方式，不僅能讓學生們對香港產生更深的了解與感情，也能讓他們對美術產生新的興趣與熱情。我相信，這種融合地方特色與美學教育的方式，會為學生們帶來一種全新的學習體驗。

和諧粉彩 準指課程及創作成品

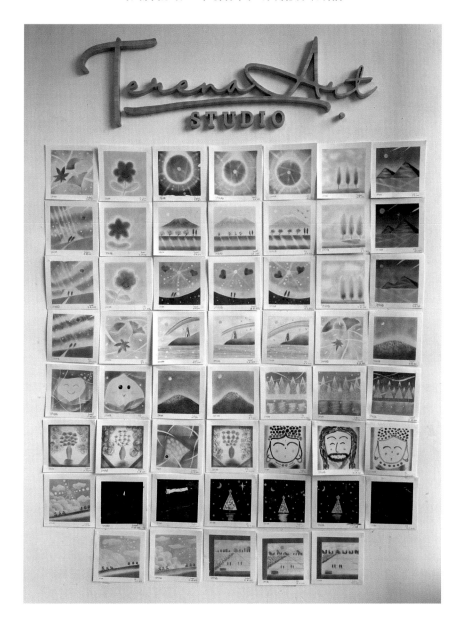

和諧粉彩 準指課程 老師與導師合照

和諧粉彩 準指課程 創作過程

一：街道與建築的遺美

藍屋　　黃子晴繪

百年藍屋，留屋留人，
社區故事，處處有情。

大館　　陳恩橋繪

年月過、斜陽落，
繁華鬧市，燈光普照，
鐵窗下綻放異彩。

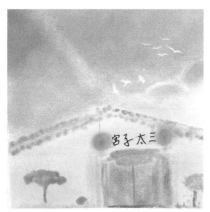

三太子宮　　陳曉祺繪

迎三太子神像抵禦瘟疫，
成為深水埗信仰中心，
廟內保留清末歷史文物，
流傳著神奇的宗教傳說。

和諧粉彩

二：傳統節慶

大坑火龍　　施慧宜繪

萬枝線香火龍飛，
青壯小子奮力起，
火光閃爍滿生氣，
國泰民安全城喜。

利東街，曾經的囍帖街

葉寶玲繪

彩燈映照，桃花緋緋
紅紙金字，塵封歷史
誰人會，零五以前
曾經美滿甲天下

三：香港風貌

三門仔　　李子木繪

舢舨搖搖
海邊走走
靜心感受
夕陽無限好

雪糕車　　何麗萍繪

雪糕車，香港美好童年
的代表。熟悉的音樂，
帶回懷舊的時光，一支
普通雪糕，寄托著無盡
回憶。

和諧粉彩

不少參與工作坊的同學是第一次嘗試和諧粉彩，皆表示過程充滿樂趣和成功感，亦有昔日嘗試過的同學對於以這種方式記下香港特色感到新奇。年青人，你們的手除了把計劃中的所見所聞化為圖像，更掌握香港的未來，願你們記住這種感受，繼續努力。

後記：

日常教學常以單一媒介作為成果展示，局限了創意和傳意。「吾土吾情」得到教師夢想基金支持，把文字、藝術結合，不但在本書中以文句和攝影呈現得著，更讓我們可以成為文創產品設計師，把自己的觀察、生活的觸覺，再加上傳統元素，設計出具有個人及社區特色的產品。書本配上文創，更完整地展示我們對香港的情誼，更希望可以在日後的在校園活動中與其他人分享，把香港文化之美帶到更多人的眼前。

結語：

木案之上，吾土之美就在手邊

曾子謙

把文字變成藝術，把藝術結合生活，用我們這年的見聞，豐富以後每個創作的日與夜。

在計劃之中，我們在紙上、鏡頭之下記錄了香港珍貴又美麗的文化風貌，希望帶到更多人眼前。因此，我們帶領學生把當時的記錄，一筆一劃地以繪畫和書法的形式重現，一方面讓香港之美藉著文創的量產而傳遞到他人手上，另一方面希望透過藝術創作呈現我們對吾土的悸動，把心中的溫熱化為案上的溫度，以日常使用的便利貼、貼紙的形式陪伴左右。

或許，香港的美態一直就在我們的身邊，從此更化成了指尖上的溫度，讓我們在撕貼之間，複製、傳播，不只在紙上，也在心上，更在你我之間。

和諧粉彩

第六章——旅程印記

如果沒有參與及籌辦「吾土吾情」，我們都沒有想像過自己會從這麼多不同的角度去認識一個每天生活的地方，更沒有想像過原來每個人眼中、心中的香港，能夠拼湊出風格不一卻又如此精彩美麗的圖畫。

計劃中，我們舉辦過不同主題的活動，讓大家發現日常生活以外的香港：有以灣仔區為主的「深度宗遊」，有在藍屋建築群進行的民間信仰遊及手工工作坊，還有到訪紮作技藝展示館及大坑火龍文化館、考察以紮作為主題的香港非物質文化遺產。

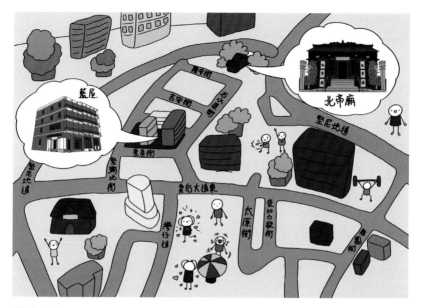

灣仔藍屋及北帝廟地圖 　　　　　　　　　　　**何麗萍繪**

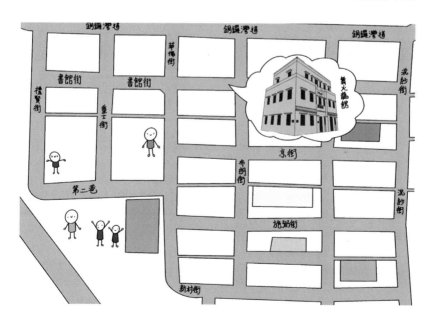

大坑舞火龍館地圖 　　　　　　　　　　　　**何麗萍繪**

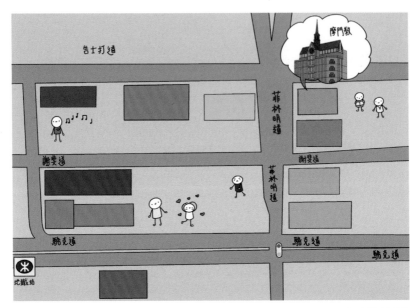

灣仔摩門教地圖　　　　　　　　　　　　何麗萍繪

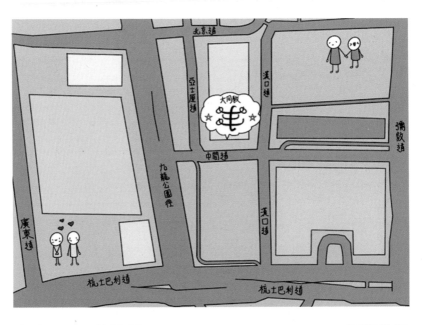

尖沙咀大同教地圖　　　　　　　　　　　何麗萍繪

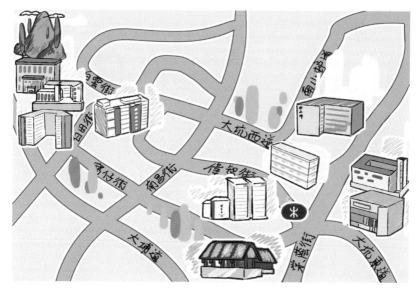

石硤尾地圖 李卓瑩繪

深水埗及石硤尾社區地圖

後記：

　　年青人創意無限，善用不同方式表達，我們的學生亦用自己擅長的形式把這趟旅程中的得著一一記下：視覺的記憶、走過的足跡，還有生活的氣息，被製作成不同作品，與學校內外不同團體分享，融入到生活當中，提醒著大家多用心欣賞、感受香港獨特的文化。

本計劃共有兩款文創產品：

一：便利貼　華英中學　孔詠欣設計

　　「吾土吾情」計畫主要以讓同學們親身參與體驗，挖掘香港另一面的故事」為中心，從而舉辦了一系列有趣的活動。因此，便以香港與活動內容為主題，設計出這一套的便利貼。

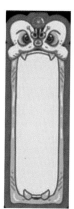

　　首先，在整體上，便利貼套裝採用了暖黃的色調，用來營造活動中蘊含傳統文化的氛圍。然後再將便利貼分為三個區域，由右上角至左邊的部分，分別是細節的活動內容（本土傳統文化：手紮花牌、獅頭紮作、大坑舞火龍）、參觀的地標建築（摩門教的大樓、藍屋、大坑火龍文化館、北帝廟），以及它們所組成的整體：「吾土」——香港。同時，在底卡上也因此選擇繪畫了香港的地圖，並在此標上了各個參觀地點，以作紀念。

文創產品

二：手繪貼紙

以手帳貼紙（各校師生設計）的形式呈現香港地區特色，包括九龍城、大埔、石硤尾、灣仔、大坑，皆為計劃中同學參觀及考察的地方。除了有標誌性的建築物外，亦有非物質文化遺產的元素，例如舞火龍、花牌紮作等等。

部分貼紙設計留白的空間，讓用家可以自由填上祝福字句，適合不同情況使用，把非遺文化融入生活。

花牌貼紙設計　　　　　　　　**王肇枝中學　潘芷欣**

　　而手繪字（華英中學陳影羽書寫）則道出了部分社區故事，例如藍屋的發展既保留了完整的建築，亦加入了社區共用的元素，但仍有原來的居民一直生活，帶出了新舊之間共融並存的特點。

　　這些作品全是限量和非賣品，將用於學校、社區推廣，這一切既是同學們在「吾土吾情」中的印記，亦希望喚起大家對於香港的關注及情感，把這美麗的文化風景與社會大眾分享。

文創產品

後記

我　　　地

葉寶玲

土地與人，從來是分不開的。至於情，倒是要時間培養，才能日久生情。過去幾年的疫情讓全世界一度陷於封閉，國與國、人與人交流減少，

這趟為期一年多、聯繫三所學校的文化旅程終究來到尾聲，我心中盡是不捨。曾經我們為了去學習，逢週末回復學生的身份去上課；曾經我們為了更深入認識香港，每個月都會到各區進行不同活動，認識守護文化的有心人；曾經我們為了記下這過程中的一切，揮筆書寫、畫下風景，這一切都讓我忘不了 - 課程以外的教與學，帶來知識與興趣的交流，更帶來跨範疇、跨年代的碰撞與刺激。

「沒想過，參觀舞火龍博物館的經歷竟然在口試中救了我一命！」
「我的畫作會在書中展示？」
「我的作品會變成實體紀念品？」

這一年，驚喜與驚訝從學生的口中傳來，也在日常的課業中看見他們把這些經歷在不同學科運用、與人分享，甚至在社交平台上看見他們與朋友自行組織的參觀活動，心中實在是欣喜萬分。吾土吾情會有完結的一天，但在他們身上種下的種子繼續發芽成長。同學的回饋也是老師繼續努力的養分，讓我把計劃中的得著運用在日常教學中，或是引導學生再去探索更多香港的文化。或許他們沒想過自己能為文化承傳做甚麼，也願大家能夠欣賞和珍惜。

最後，我衷心感謝教師夢想基金的支持，讓我有機會實現兒時的夢想—擁有一本載有自己名字和回憶的書，更承載著與學生及各界交流的過程。整個計劃歷時一年多，雖未能盡善盡美，但確是我們的一個成就。教學工作確實忙碌，凝聚大家力量實在非常難得，感謝一直與我同行的潘星宇老師和曾子謙老師，感謝在這路上相遇的每個人，與我們分享一個又一個屬於這片土地的人和事，還有一眾原本沒有參與前期活動，但仍以各種方式支持本書創作的同學，有的作品來自日常教學，有的作品是同學親自為本書而創作，全賴大家的熱心，才能讓我們夢想成真。

願我們繼續以初生之犢的勇氣，向更遠夢想邁進一大步！

 後記

潘星宇

香港的古蹟與非物質文化遺產：見證歷史，體驗傳統

在繁華的都市棲息中，我們往往忽視了那些隱藏在街角的歷史故事。香港，這個現代化的城市，其實擁有許多富有歷史感的古蹟與非物質文化遺產技藝。我們有幸參加數次的外出考察及研習，當中到訪包括港九的基督教中式道風山、港島區的基督教及天主教堂、深水埗石硤尾一帶、灣仔藍屋一帶等等，從中得到了許多感悟與思考。

來到港島教堂，這座教堂歷史悠久，充滿歐洲現代風格的教堂大廈，讓我們感受到了香港這個城市與歐洲文化的相互交融。

在深水埗，我們見證了香港的發展歷程，也體驗了市民生活的熱鬧與真實。而在灣仔藍屋，我們看到了香港的建築歷史變化，這座藍色的建築物塑造出香港獨特的城市風貌。

較為深刻的三太子廟內保存了晚清百年的文物，例如刻有「光緒」字樣的古鐘，這些文物是歷史的寶藏，見證了當時社區的信仰和文化傳承。這次參觀讓我更加深刻地理解文化遺產的價值，它們不僅是物質的，更是情感和記憶的寄託。

數次的信仰遊及非遺遊，讓我們深深地感受到了香港的歷史與文化。每一座古蹟、每一種非物質文化遺產技藝都是香港歷史的見證，也是香港文化的載體。我們應該珍視這些歷史遺產，並將它們傳承下去，讓更多的人了解和欣賞香港的歷史與文化。

我們寄望於藉著小小的介紹及分享，能讓新一代學習如何保護這些寶貴的歷史文化遺產，讓它們在這個現代化的城市中依然繼續存在和發揚光大。這些古蹟和非物質文化遺產技藝不僅是香港的過去，也是香港的未來。此外，我們期待每一個來到香港的人，都能夠體驗到這些古蹟和非物質文化遺產技藝的魅力，感受到香港的歷史與文化，都能以我們擁有的歷史文化遺產為榮，並將它們傳承下去。

香港的歷史文化遺產是我們的寶貴財富，希望這本小書的經驗分享，能令大家共同珍視與保護傳統留下來的財產。讓香港的歷史與文化在每一個人的心中繼續生生不息。

曾子謙

遠航於文史長流之中：一邊隨波逐流，一邊破浪前行

首先，作為中文老師能夠與學生一同走上一段文化探索之旅，再結集成書，我深感由衷的激動和感慨。感激兩位老師邀請我結成伙伴，並肩攜手，如切如磋，如琢如磨，一同把這個概念落實於三校師生之中。

在帶領學生們踏上這香港非物質文化遺產的考察之旅後，我們彷彿進入了一本充滿詩意與智慧的文學巨著。這趟旅程不僅是一次涉足非遺的探索，更是一場心靈的洗禮，天地悠悠，雖前無古人、後無來者，但人民總能找到自己立錐之地，併力傳承這永恆的雋永。

在這兩年間，我們踏入香港的傳統工藝的傳承之路。每次去欣賞工藝作品，或是動手初嘗，彷彿走進了一幅寫意的畫卷之中。在那裡，學生們與藝術家和工匠們攜手合作，傾聽著竹篾的低語、紙扎的輕舞，他們的指尖與心靈交織出一幅幅生動的藝術畫面。這些傳統技藝如同一本古籍，講述著中國、乃至香港人民的智慧和創造力，而學生們則是在這場對話中尋找到了心靈的共鳴，體會到了匠人精神的深遠意義。

在一次又一次的文化遊中，我們穿梭香港的傳統市井，彷彿穿越時空的門扉。在不知不覺間，藉著街頭小吃街和傳統市場，品嚐著香港的滋味，感受著熱鬧的人群和繁忙的生活節奏。當然，也探索了學校處身的社區，帶領學生由自身出發了解香港，這些社區如同一本本生活之書，記載著居民的點滴故事和社區的發展，與學校形成了一個交流和共融的生態系統，或者我們每日的穿梭，彼此都相互影響著，並共同維護著香港的社會和文化。學生們透過這些市井風情的點滴，體會到了人與人之間的情感連結，明白了文化在社會凝聚力中的重要角色。

沉浸在香港的傳統表演藝術中，彷彿漫步於一幅幅動人的畫作之間。皮影精彩又神秘的舞動和火龍優雅而威武的姿態，在眼前跳躍迴

 後記

旋，將學生們帶入了一個充滿奇情的世界。皮影戲表演，這是一門古老的傳統藝術形式。我們嘗試演出了皮影戲，學習以那精湛獨特的技藝，演活生動的故事，透過光線和皮影的巧妙結合，讓大眾沉浸在一個神奇的幻想世界中。大坑舞火龍的學習，也讓學生在熊熊烈火和舞動的龍身中，體會其背後蘊含的民間信仰和團結精神。火龍表演如同一首熱情洋溢的民謠，記載人民在每場節慶的喜悅和故事，又再憑著舞動傳揚到更遠的距離和時間。這些表演藝術如同一本詩集，將觀眾帶入古今交融的文化長河，讓學生們在欣賞的過程中，感受著藝術的力量，並思考著如何保護和傳承這些珍貴的非物質文化遺產。

考察旅程中，我們走訪了香港的不同宗教情況，感受到了宗教對於社會和文化的重要影響。我們拜訪了不同的寺廟、教堂和清真寺，聆聽了信眾們的故事和精神所依。猶記得灣仔玉虛宮的參觀，一座寺廟不但代表了人民的虔誠和對神明的崇敬，它的歷史更象徵了香港各教合流，和而不同地扶助弱勢社群的氣慨和善念，讓學生體會到了信仰對於社會和個人的重要性遠不止於迷信，或心靈依靠，更是一個充滿寬容的世界，讓我們對於宗教多元性和共存的理念有了更深刻的體驗。

同行探索的旅程，讓學生們的心靈得到了滋潤，體會文字和文化不止於枯竭的應試運用。在了解社區時，他們的思緒如詩如畫，在文化的海洋中遨遊，洋洋乎從課室的籠鐐之中掙脫，與萬化冥合。這趟旅程仿佛穿越了青宵與雲漢，徜徉於傳統與現代的交界處，不斷啟迪著學生們的想像力和創造力，不僅讓學生們拓寬了視野，更讓他們意識到文學與文化之間的緊密連結。這些珍貴的遺產如同一部經典，蘊含著民族的智慧、情感和價值觀，而我們作為閱讀者和學習者，有責任去傳承和保護這些寶貴的資產。

這一部「巨著」，將我們帶入了香港文化的多元世界，讓我們體驗到了非物質文化遺產的豐富性和價值。當然，這兩年的步伐只是能步進巨著中寥寥可數的幾個章節，我們只能管中窺豹，在歷史的皮毛中，滋長心靈，傳承文化為我們帶來的悸動。這文化之旅的故事將永遠留存在我們的心中，提醒我們日後要繼續走到歷史文化之中，繼續閱讀前人的生活點滴和智慧結晶，生於斯、長於斯，也成於斯、傳於斯。讓更多人體會到香港的文化多樣性，學會尊重和欣賞傳統價值，

不再自怨自嘆活於石屎森林、文化沙漠之中。

　　香港的宗教、節慶、工藝和社區共同構成了這座城市豐富而獨特的文化面貌，而這些元素也是人民身份認同和凝聚力的重要組成部分。我希望這次考察能夠為學生帶來更深入的文化體驗，並且將這些寶貴的經歷和知識與他人分享，促進文化交流和理解的進一步發展。我相信，這一個目標不會因為這次旅程終結而停止，在以後的歲月，我們仍然會在自己的社區和國家、一屆又一屆學生之中，一同繼續探索傳承，培育富有人文精神、珍重家國的新一代。

後記

鳴謝機構：

教師夢想基金

街坊帶路

紮作技藝展示館

黃暉木偶皮影有限公司

香港藝術發展局

香港非遺中心

三棟屋博物館

香港故事館 - 藍屋

深水埗社區協會

Relearn Education Limited

小羚羊教育

Agent of Change Foundation

大坑火龍文化館

此書的所有收益將全部捐贈：聯合國兒童基金會

書　　　　名	吾土吾情
作　　　　者	潘星宇、曾子謙、葉寶玲
出　　　　版	超媒體出版有限公司
地　　　　址	荃灣柴灣角街 34-36 號萬達來工業中心 21 樓 2 室
出版計劃查詢	(852)3596 4296
電　　　　郵	info@easy-publish.org
網　　　　址	http://www.easy-publish.org
香 港 總 經 銷	聯合新零售 (香港) 有限公司
出 版 日 期	2024 年 5 月
圖 書 分 類	教育
國 際 書 號	978-988-8839-72-8
定　　　　價	HK$88